In dieser Reihe sind bereits erschienen:

Hans-Jürgen Jakobs

EDZARD REUTER

Ein Portrait

Originalausgabe

WILHELM HEYNE VERLAG
MÜNCHEN

HEYNE SACHBUCH
Nr. 19/508

Herausgeber: Bernhard Michalowski
Eine TRANSMITTER-Produktion
Redaktion: Wolfgang Preß

ISBN 3-453-05121-1

INHALT

STECKBRIEF

Name:	Reuter
Vorname:	Edzard (friesische Form von Eckehard)
Geboren:	16. Februar 1928
Geburtsort:	Berlin
Sternzeichen:	Wassermann
Größe:	180 cm
Gewicht:	69 kg
Religion:	evangelisch
Partei:	SPD (»einfaches, politisch nicht tätiges, zahlendes Mitglied«)
Ausbildung:	Jurist
Familienstand:	verheiratet seit 1973 mit Helga Reuter, geb. Roeder
Kinder:	keine
Beruf:	Vorstandsvorsitzender der Daimler-Benz AG
Monatseinkommen:	etwa 80 000 DM; hinzu kommen noch Einkünfte aus mehreren Aufsichtsratposten
Traumberuf:	Physik-Nobelpreisträger (mit 18 Jahren)
Sport:	Springreiten, Segeln, Ski, Tennis, Fußball
Vorlieben:	Bordeaux-Weine, gutes Essen
Hobbies:	Moderne Kunst, Musik, Literatur
Fehler:	»etwas zu unabhängig« (Zitat Lenins über Vater Ernst; diese Einschätzung ist aber auch auf Sohn Edzard zu übertragen)
Laster:	schwarze Zigaretten

Der Mann vom Stern
Edzard Reuter

(AP)

DER CHEF – MACHT UND OHNMACHT EINES WIRTSCHAFTSFÜHRERS

Wer hat die Macht im Land? Der Staat oder die Wirtschaft, das politische oder das ökonomische System? Für Edzard Reuter zielen solche Fragen auf »Gespensterschlachten« ab, auf Konflikte und Antagonismen einer längst vergessenen Zeit. Eine verständliche Sicht für jemanden, der die Antwort längst gegeben hat. Der Vorstandsvorsitzende von Daimler-Benz – auch international eine der faszinierendsten Unternehmerpersönlichkeiten – zeigt fast jede Woche aufs neue, wie es im gesellschaftlichen Kräfteparallelogramm bestellt ist. Renditen und Konzepte werden in Konzernen gemacht, kosmetische Korrekturen in der öffentlichen Verwaltung. Daimler-Benz, dank seiner Nobelautomarke Mercedes der größte deutsche Industriekonzern und unter Europas Wagenbauern – noch vor Fiat – unangefochten die Nummer Eins, ist geradezu ein Musterbeispiel, wie die Ökonomie aus den Niederungen von Bilanzierung und Rechnungswesen in die Höhen gesellschaftlicher Verantwortung aufrückte.

Entscheidungen, Meinungen und Äußerungen eines Edzard Reuter sind inzwischen von politischem, allgemeinem Gewicht. Wo er zu Vorträgen antritt, sammelt sich das Publikum. In einer Zeit, in der eine nicht mehr anonym herrschende Managerkaste deutlicher denn je bereitsteht, bislang öffentliche Aufgaben zu übernehmen oder zumindest vorzufinanzieren, und der Staat daran krankt, daß lediglich die zweite oder dritte Garde der Universitätsabsolventen seine Führungspositionen besetzt, wird in Konzernzentralen wie der von Daimler über Tempo und Richtung von Veränderungen bestimmt. Elitenbildung jenseits demokratischer Kontrolle? Darum geht es Edzard Reuter nicht, sondern vielmehr um ein konkretes »Denken auf Handeln hin«.

Der amerikanische Wirtschaftswissenschaftler John Kenneth Galbraith war sich in seinem 1968 veröffentlichten Klassiker *Die moderne Industriegesellschaft*, der die untrennbare Symbiose zwischen Staat und Privatwirtschaft untersucht, noch unsicher gewesen, ob es zur ›Privatisierung‹ des Staates oder zur ›Verstaatlichung‹ der Wirtschaft kommt – die Lösung des Rätsels dürfte inzwischen klar sein. »Man kann der Politik«, sagt Reuter, »nur wünschen, daß sie so etwas wie unternehmerischen Geist in der Verwaltung fördert. Ich meine hie und da - etwa an manchen Frustrationen und Anzeichen innerer Kündigung – zu erkennen, daß viele in der Verwaltung nur darauf warten, denn auch dort sitzen Menschen mit initiativen Fähigkeiten und einem Wertehaushalt, der auf Veränderung ausgerichtet ist.«

Es entbehrt nicht einer gewissen Logik, daß Reuter, der »Aufklärer unter den Managern« (*Stuttgarter Zeitung*), die von dem deutschen Soziologen Max Weber idealtypischerweise formulierten Politiker-Eigenschaften – Augenmaß, Leidenschaft und Hartnäckigkeit beim Bohren dicker, harter Bretter - elegant auf die Unternehmer überträgt. Sind diese Unternehmer, die über das Arbeitseinkommen von Millionen Menschen, über die Preise auf den Märkten und die Höhe der Produktion entscheiden, tatsächlich die besseren Politiker? »Eine in Moralität gegründete Verantwortung muß den Horizont eng unternehmerisch definierter Ziele in Richtung auf gesellschaftspolitische Verantwortung überschreiten«, weiß der Chef von Daimler-Benz.

Ein komplexer Anspruch, der weitreichende Folgen hat – wie der Einstieg in das Luft- und Raumfahrtgeschäft beweist. Unter dem Dach der neugegründeten Deutschen Aerospace (Dasa) hatte Reuter 1989 die wichtigsten deutschen Unternehmen der von staatlichen und militärischen Aufträgen abhängigen Branche vereinigt. Allerdings existierte die Dasa bereits, als der in der Öffentlichkeit und in den Parteien heiß umstrittene, kartellrechtlich untersagte Kauf der Ex-Staatsfirma Messerschmitt-Bölkow-Blohm (MBB) überhaupt noch nicht perfekt war. Die Bundesregierung glaubte, daß die kapitalhungrige Flugindustrie ohne das Know-how und die Milliarden von Primus Daimler nicht überlebensfähig sei und schlug schließlich die Rüstungsschmiede MBB dem expansionswilligen Riesen zu. »Wir haben uns«, erinnert sich Reuter an das Wachsen seines High-Tech-Konzerns, »zu diesem übrigens wahrhaft nicht gerade mühelosen Vorhaben nicht aus schnöder Gier, den Staat zu melken, entschlossen, sondern deswegen, weil die in der Luft- und Raumfahrt erarbeiteten Technologien – ich nenne an erster Stelle das Systemwissen – für die Weiterentwicklung unseres Unternehmens auf vielen traditionellen Tätigkeitsfeldern unabdingbar ist.«

Kritiker dieser Elefantenhochzeit fanden vor allem in der Monopolisierung der Waffenlieferungen an das Verteidigungsministerium eine große, kaum zu verfehlende Zielscheibe – was von Reuter lässig als »vorübergehende Begleiterscheinung« kommentiert wurde. Schon in sehr absehbarer Zeit werden sich, so seine monoton verkündete Prophezeiung, die bislang nationalen Rüstungsbeschaffungsmärkte zumindest für Anbieter aus den Ländern der europäischen Zwölfer-Gemeinschaft öffnen.

Die wachsende Politisierung von Unternehmen wird nicht nur bei der Verzahnung mit staatlichen Auftraggebern (wie im Militärsektor) deutlich – sie beginnt schon bei der Planung großer Industrieprojekte, die lokal zumeist den Widerstand von Bürgerinitiativen hervorrufen. Das wiederum muß aus Sicht der Manager politisch möglichst geräuschlos neutralisiert werden. In den großen Konzernen sind angesichts solcher Zusammenhänge Spezialbereiche für ›Public Affairs‹ üblich geworden. Ihre Aufgabe ist, das nötige Wohlwollen der politisch jeweils verantwortlichen Entscheidungsträger zu ventilieren. Dem Daimler-Konzern steht für diesen Job (der nicht immer feinen Art) Mathias Kleinert, der ehemalige Regierungssprecher des baden-württembergischen Ministerpräsidenten Lothar Späth und damit Inhaber etlicher Insider-Kentnisse, zur Verfügung. Laut Reuter gilt Kleinert inzwischen als sein »engster Mitarbeiter«.

Im Zentrum der Aufmerksamkeit aber steht Reuter. Was

liegt im Umgang mit Öffentlichkeit und Staat näher, als einen charismatischen ›Frontrunner‹ zu präsentieren, der mit argumentativer Kraft Vertrauen schafft und Ängste ausräumt? Der durch ausgeprägte Intellektualität überhaupt nicht den ketzerischen Gedanken aufkommen läßt, es könnte sich um einen ins Rüstungsgewerbe verstrickten Moloch handeln? Ein farbloser Techniker ohne Charisma wäre für den exponierten Job sicherlich ebenso unangebracht wie ein unsensibler, herrschsüchtiger Ehrgeizling. Dann lieber doch jemanden, der gescheit parlieren und hinter den Kulissen beherzt durchgreifen kann – einen wie Edzard Reuter eben.

Helmut Kohl oder Theo Waigel tauchen zwar öfter in der Tagesschau auf, mächtiger als Edzard Reuter sind sie jedoch nicht. Der am 16. Februar 1928 geborene Top-Manager dirigiert 1991 ein Geschäftsvolumen von rund 94 Milliarden Mark Umsatz (im vergangenen Jahr waren es noch knapp 86 Milliarden). Über 35 Milliarden davon steuert der Handel mit Personenwagen, über 24 Milliarden das Geschäft mit Nutzfahrzeugen des Kernunternehmens Mercedes-Benz bei. Die neue Holding Deutsche Aerospace mit MTU, MBB, Dornier und Telefunken Systemtechnik macht über neun Milliarden, der Elektronik- und Elektrik-Konzern AEG 13,1 Milliarden und die 1990 gegründete Dienstleistungstochter Debis knapp vier Milliarden Umsatz. Dieses Imperium liegt mit dem deutlichen Abstand von rund 17,5 Milliarden Mark Umsatz – fast soviel wie der gesamte MAN-Konzern erwirtschaftet – vor Volkswagen und Siemens an der Spitze der deutschen Industrie. Auf der ›Fortune‹-Liste der größten Unternehmen der Welt rangiert Daimler hinter General Electric und vor dem japanischen Elektroriesen Hitachi auf dem elften Platz. Im Jahr 1990 war der Konzern um zwei Ränge nach oben geklettert und visiert nun den Sprung in die Top-Ten an. Der Gigant sorgt für 3,7 Prozent des deutschen Bruttosozialprodukts, beschäftigt 376 000 Mitarbeiter und hat von A bis Z alles, was irgendwie mit Technik und Transport zu tun hat – A wie Autos, Z wie Zahnbürste (elektrisch).

»Die Durststrecke ist vorüber«
Reuter bei der ›Bilanzpressekonferenz‹
vom 14. Mai 1991.   (keystone)

Ein Reich ohne Grenzen, so scheint es. Wenn Herrscher Reuter nicht gerade mal wieder im Flugzeug sitzt, eines seiner zahlreichen Aufsichtsratsmandate wahrnimmt (unter anderem Allianz, Preussag, Viag, Karlsruher Lebensversicherung), einen Vortrag hält oder eine der vielen Tochterfirmen besucht, residiert er im neuen Hauptquartier in Stuttgart-Möhringen – in einem sechzig Meter hohen Turm, auf dem sich, wie könnte es anders sein, der seit dem Frühjahr 1990 sogar vom Bundesgerichtshof (Aktenzeichen I ZR 198/88) warenzeichenrechtlich geschützte Mercedes-Stern dreht. Um Reuter's Domizil

13

herum liegen zehn vier- bis sechsgeschossige Bürotrakte, die eine einfache, hierarchische Ordnung symbolisieren – und doch auch eine »Festung der Technik« darstellen, wie die *Süddeutsche Zeitung* vermerkt. Der Zentralbau sei »architektonisch unterkühlt«, »merkwürdig antiquiert«, »sehr verschlossen«. Verbirgt ein Weltkonzern seine wirtschafts- und gesellschaftspolitische Stellung hinter konservativer Architektur?

Der Mann, der im Möhringer Campanile das Sagen hat, bemüht sich anders zu sein. Frei und losgelöst indes ist auch ein Edzard Reuter nicht. Er ist seinen Aktionären verpflichtet, muß ihnen ansehnliche Dividenden und schöne Kurssteigerungen bescheren. Das kümmert vor allem die Deutsche Bank – das mächtigste Geldhaus der Republik ist mit knapp dreißig Prozent Daimlers größter Aktionär. 1977 hatte die Deutsche Bank der Familie Flick ein dickes Aktienpaket abgekauft, damit es nicht, wie geplant, an den Schah von Persien fiel. Neben der Deutschen Bank, deren Sprecher Hilmar Kopper gleichzeitig Aufsichtsratsvorsitzender bei Daimler Benz ist, hält das Emirat Kuwait rund 14 Prozent der Aktien, der Rest verteilt sich auf etwa 300 000 Aktionäre.

Größe, Umsatz und Firmenzahl, die Reuter den Gesellschaftern präsentieren kann, sind prächtig und eindrucksvoll – der Gewinn aber, Maßzahl für unternehmerischen Erfolg, wächst mit der Expansion noch nicht mit. »Der Koloß ist schwerfällig geworden«, urteilt die Schweizer Wirtschaftszeitung *Cash*, Reuter selbst spricht von einer »holprigen Wegstrecke«. Und Finanzchef Gerhard Liener analysiert für das Jahr 1990 ganz offenherzig, die Qualität des Abschlusses habe an Niveau verloren. 4,2 Milliarden Mark Gewinn aus der gewöhnlichen Geschäftstätigkeit blieben unter dem Strich – durchaus eine beeindruckende Ziffer, doch 1986 waren es noch knapp sechs Milliarden gewesen.

Deutschlands größter Industriekonzern unter einem schlechten Stern? Auf »Irrfahrt« gar, wie das *manager magazin* konstatiert? Hat sich der 63jährige Chefpilot Reuter, dessen Vertrag offiziell Ende 1993 ausläuft, völlig verhoben? Wie verkraftet der Konzern den Einstieg ins Militärgeschäft, das durch Ost-West-Abrüstung nicht gerade Hochkonjunktur hat? Wann endlich kommen Gewinne vom neuen Kommandounternehmen Aerospace? Wird Dauer-Sorgenkind AEG jemals schwarze Zahlen schreiben? Wie groß sind die Erfolgschancen der Expansion im Software-Markt?

Bis 1992 will Reuter wieder alte Höhen in der Gewinn- und Verlustrechnung erklimmen. Nur wenige zweifeln noch, daß der Aufsichtsrat ihn bittet, zuzüglich der im Vertrag vorgesehenen Amtszeit noch zwei Jahre dranzuhängen – dann ginge er erst 1995 in Pension. Mach's nochmal, Edzard. Zu sehr hat Reuter den Konzern nach seinen Vorstellungen ausgerichtet, zu oft noch entwickeln sich Krisensituationen, in denen das darstellerische und vermittelnde Talent des gestandenen Daimler-Dirigenten gefragt ist.

Edzard Reuter, eine Mischung aus kontrolliertem Wirtschaftschef und konsensfähigem Politiker, ist schon wegen seiner SPD-Mitgliedschaft in der Nadelstreifenanzug-Welt eine ungewöhnliche Erscheinung. Vielleicht wäre er sogar Bundesfinanzminister oder Wirtschaftsminister geworden, hätten Hans-Jochen Vogel (1983) oder Johannes Rau (1986) die Regierung gestellt. Es wäre dem unkonventionellen Manager, der als Freund von Oskar Lafontaine gilt, sogar zuzutrauen gewesen, daß er irgendwann einmal eine Doppelrolle als Superminister der beiden Ressorts eingenommen hätte. Als Lafontaine 1990 in den Wahlkampf zog, war jeder Gedanke an eine erneute Anfrage an Reuter freilich absurd. Reuter, der auf das in Parteikreisen verbreitete Genossen-Du verzichtet, war einfach auf einer anderen Karriereebene angekommen. Verglichen mit dem Daimler-Chefposten ist ein Ministeramt nun mal ›ein kleiner Fisch‹. Auf die Frage der *Stuttgarter Zeitung* im September 1988, ob er sich vorstellen könne, in einer Regierung Lafontaine Wirtschaftsminister zu werden, verwies Reuter auf seinen Freund, den Pressesprecher: »Das wird Herr Kleinert. Der ist so ein alter Spezi von Lafontaine.« Der so gebauchpinselte CDU-Mann antwortete mit einem Hauch ehrlicher Nonchalance: »Ich kann mir vorstellen, daß Herr Lafontaine Wirtschaftsminister in einer Regierung Reuter wird.« Was so flapsig dahingesagt wurde, hat durchaus einen Kern. Denn hin und wieder erlaubt sich Reuter von seiner hohen Warte aus kräftige politische Rügen, etwa im November 1987, als er den »katastrophalen Mangel an weltwirtschaftspolitischer Führungskompetenz« anprangerte und damit dem damaligen Bundesfinanzminister Gerhard Stoltenberg – heute als Verteidigungsminister ein guter Daimler-Kunde – die Zornesröte ins Gesicht trieb.

Das Frappierende an Reuter ist, daß man ihm persönlich seine große Macht weder abstreitet noch übelnimmt. Er steht, wenn man so will, für das bessere, das kultivierte, das weltoffene Deutschland. Kein »häßlicher Kapitalist«, kein Technokrat, sondern ein »Weltbürger und polyglotter Humanist« (*L'Express*), der als privater Sonderbotschafter ein Land repräsentiert, das sich von der Arbeitsbesessenheit der Wiederaufbaujahre über Negation und Selbstfindung in den späten Sechzigern und Siebzigern hin zu mehr Selbstbewußtsein, Esprit und Hedonismus entwickelt hat. »Edzard Reuter eilt in einem globalen Firmenabenteuer umher und schafft es doch, wie ein Mann auszusehen, der Zeit hat«, charakterisiert ihn die angesehene englische Wirtschaftstageszeitung *Financial Times*.

Management, das ist für ihn eine effektive Art, mit sich selbst zu leiden und zu kämpfen – kurz, kreativ zu sein. Seine Wortgewandtheit ist Legende, fast jede seiner öffentlichen Formulierungen geschliffen – das lenkt ein wenig von der mitunter doch matten Aussagekraft ab. *Spiegel*-Reporter Jürgen Leinemann: »In der Klischeerolle des Big Boss wäre er eine Fehlbesetzung, als Nobelpreisträger, gleich welche Disziplin, gäbe er die Idealfigur ab.« 18 seiner wohlgefeilten Reden und Aufsätze sind 1986 in einem Sammelband – durchaus doppeldeutig »Vom Geist der Wirtschaft« genannt – erschienen. Reuter selbst bezeichnete sie einmal als »Gelegenheitsarbeiten«. Und als er sechzig wurde, gaben Ex-Bundeskanzler Helmut Schmidt, dessen SPD-Kurs Reuter teilte, und andere prominente Autoren ein Geburtstagsbändchen heraus, das einen ebenfalls treffenden Titel trug: »Die Grenzen sprengen«. Das hat der vom *Industriemagazin* 1987 zum ›Manager des Jahres‹ gekürte Reuter beim Umbau des Konzerns gründlich getan. Dabei irrte er sich – so etwas geben gute Kommunikatoren schon mal zu – nach eigenem Eingeständnis in der Zeitplanung. »Wir befinden uns nach wie vor in einer Phase, in der es einer erheblichen Anstrengung der Kräfte bedarf, um auch das letzte Stück des Weges zu unserem selbstgesteckten Ziel zurückzulegen«, postuliert Reuter im Sommer 1991.

Zu den Philosophen, die der Industrietheoretiker regelmäßig zitiert, gehört Immanuel Kant. Dessen Zielbeschreibung individuellen Handelns hat es dem Daimler-Mann offensichtlich angetan: »Der Ausgang des Menschen aus seiner selbstverschuldeten Unmündigkeit« – danach sucht auch Reuter, der als Spätaufsteher gilt und selten vor neun Uhr im Büro auftaucht. Dafür sitzt er manchmal noch um Mitternacht am Schreibtisch.

›ER‹ notieren Sekretärinnen im Daimler-Hauptquartier in Stuttgart-Möhringen, wenn der Vorstandschef von außerhalb anruft. ›ER‹ – das ist nicht Gott, das sind die Initialen von Edzard Reuter. In ihrer bemerkenswerten Porträtreihe »Die Chefs« hat die *Zeit*-Journalistin Nina Grunenberg einige Stunden im Leben von Edzard Reuter beschrieben – und damit auch die Ohnmacht des Mächtigen, eingeschnürt im Zeitkorsett: Am Abend in Madrid Rede und Diskussion mit spanischen Industriellen über die Zukunft des Autos; nächsten Morgen Audienz beim König und Gespräch mit Ministerpräsident Felipe Gonzalez über europäische Industriepolitik; zwischendurch Stippvisite ins Museum; Rückflug nach Stuttgart, um 17 Uhr im Büro Post durchsehen; Flug nach Bonn, Konversation mit einem Regierungsmitglied. Während des Flugs von Madrid nach Stuttgart fällt Reuter auf, daß er weder gefrühstückt, noch zu Mittag gegessen hat. »In komischer Verzweiflung«, reportiert Grunenberg, »kroch der Mann, von dem gesagt wird, er habe ein neues Kapitel in der deutschen

Industriegeschichte zu schreiben angefangen, durch den kleinen Jet und wühlte die Schubladen durch. (...) Alles, was sich
finden ließ, waren eine Thermosflasche mit einem Schluck
kalten Kaffee vom Tag zuvor, eine angebrochene Packung
Kekse und ein paar Bonbons zum Knacken.«

DIE KARRIERE – SCHWERMUT,
FEHLSPRÜNGE UND EIN GEGLÜCKTER
DOPPELPASS

Der Name Edzard – die friesische Form von Eckehard – deutet auf den norddeutschen Stammbaum der Familie Reuter hin. Darauf, wie auf seine gesamte erlebte Vergangenheit, ist der Konzernlenker stolz. Historisches Bewußtsein bleibt bei ihm nicht aus, schließlich ist er der Sohn einer Legende: Sein weithin berühmter Vater, der 1953 verstorbene Ernst Reuter, war Berliner SPD-Bürgermeister der Blockade- und Rosinen-bomber-Ära. Zeit seines Lebens hat Edzard in dem legendären Politiker das große Vorbild gesehen; nie störten grobe Dissonanzen das Vater-Sohn-Verhältnis. Reuter in der Rückschau: »Geprägt hat mich natürlich, meinen Vater zu erleben; aber auch der Einfluß der Mutter war stark. Beide haben mir vorgelebt, Toleranz gegenüber jedermann zu üben, ohne damit die Festigkeit der eigenen Überzeugung aufzugeben. Gelehrt haben sie mich auch, (...) nicht Massenmensch in einem großen Konglomerat zu werden.«

Das Leben des Vaters – seine kommunistische Jugend und sein Kampf gegen die Nazis als Magdeburger Bürgermeister – hat ohne Zweifel tiefe Spuren hinterlassen. Es ist kein Zufall, daß sich ein *Südwestfunk*-Reporter in einem Hörfunkinterview mit dem Privatmensch Reuter fast ausschließlich über den allgegenwärtigen Vater unterhielt. »Über weite Strecken«, notiert ein Zeitungskritiker, »konnte man fast den Eindruck gewinnen, es handele sich hier um ein Gespräch in memoriam Ernst Reuter«. Auch als Edzard Reuter im Frühjahr 1990 die Stadt Magdeburg, in der die Nazis seinen Vater aus dem Bürgermeisteramt jagten und zweimal ins Konzentrationslager steckten, für eine Rede vor 200 Mitarbeitern des Schwerma-schinenbau-Kombinats Ernst Thälmann (heute Sket) besucht, kommt die Vergangenheit wieder hoch. »Mir steht«, sagt

Reuter bei seiner ersten Visite in der DDR, »bis heute das Bild vor Augen, wie ihn die Männer in den Ledermänteln abgeholt haben«. Auch die Entscheidung für die SPD ist eine Huldigung an den Vater. Von ihm übernahm er die Warnung vor einer »Hinwendung zum reinen Geldverdienen« und einer »unpolitischen Loslösung vom wirklichen Leben«.

Die verfolgte Familie muß vor den braunen Häschern in die Türkei fliehen, und Reuter junior kommt so in den individuellen Genuß einer breiten humanistischen Bildung, für die eine frühere Oberstudienrätin aus Deutschland als Privatlehrerin sorgt. Das Leben im Exil bleibt großbürgerlich. Familienvater Ernst Reuter arbeitet als verkehrspolitischer Berater der Regierung, später als Professor an der Universität Ankara. Er verstrickt den Sohn in politisch-geisteswissenschaftliche Gespräche, läßt ihn lateinische und griechische Philosophen im Original lesen und Briefe an Emigranten, wie etwa Thomas Mann, tippen.

Nach dem Ende der Nazi-Diktatur, zurück in Deutschland, beginnt für den Filius eine lange Leidenszeit. Die Not und der materielle Existenzkampf der Nachkriegsgesellschaft trifft den im pädagogischen Idyll aufgewachsenen Jüngling wie ein Schock. Der Außenseiter tritt in die SPD ein, macht Notabitur und beginnt 1947 in Göttingen ein Physik- und Mathematikstudium – in der naiven Vorstellung, später einmal den Nobelpreis zu bekommen. Nachdem der Student entdeckt, daß er keineswegs ein naturwissenschaftliches Genie ist, wechselt er auf Rat des späteren SPD-Politikers Horst Ehmke, zum Fach Jura – und patzt zunächst einmal bei der Aufnahmeprüfung für die Freie Universität (FU) in Berlin. In diesen Jahren ist Reuter vom Status eines omnipotenten Industriechefs weit entfernt; einsam und deprimiert sinnt er über das Leben und die Menschen, sogar Selbstmordgedanken tauchen auf. Reuter beginnt, Defizite seiner liberal-intellektuellen Erziehung zu beklagen, worunter er vor allem den Verzicht auf Emotionalität versteht: »Ich habe mich schwergetan im feindlichen Leben, konnte nicht aggressiv werden, mich nicht durchsetzen.«

Selten so nachdenklich...
... präsentiert sich der ›Hobbyphilosoph‹ in der
Öffentlichkeit. (action press)

Schließlich legt er während seiner FU-Assistenten-Zeit von 1954 bis 1956 doch noch sein zweites juristisches Staatsexamen ab.

Nach dem Tod des Vaters (1953), beschließt Sohn Edzard ebenfalls in die Politik zu gehen und dem Idol nachzueifern. Doch vorher will er finanziell unabhängig werden. Ihm mißfällt, daß für eine politische Karriere oft, wie auch heute noch, ein gutes Mundwerk ausreicht und Kompetenz eher stört.

Doch der Berufsstart geht daneben. Sogar ein Einstieg bei Daimler-Benz scheitert zunächst. Es liegt, so erinnert er sich später, wohl an der SPD-Mitgliedschaft – ein Umstand, dem er noch manches Mal begegnen wird. Schließlich geht der Sozi zur Bertelsmann-Filmtochter Ufa, doch die löst sich auf. 1962 wird Reuter in München Mitglied der Geschäftsleitung der Bertelsmann Fernsehproduktion und hat hier erneut Mißerfolgs-Erlebnisse. Ein Glück, daß es 1964 bei Mercedes klappt,

21

Hanns Martin Schleyer stellt ihn ein. In den Presse-Informationen des Daimler-Benz-Konzerns heißt es zu Reuters ersten Berufsjahren beschönigend, er habe »leitende Funktionen bei deutschen Wirtschaftsunternehmen« wahrgenommen, zuletzt innerhalb der Bertelsmann-Gruppe.

Im hausbackenen schwäbischen Milieu wirkt der spröde Intellektuelle wie ›eine Kartoffel unter Maultaschen‹. Der *Spiegel* stellt im nachhinein Reuter ein beredtes Zeugnis aus: »Früher hieß es bei Daimler-Benz: Der spinnt. Jetzt heißt es: Der hebt ab.«

Es ist eine Karriere mit Hindernissen, Intrigen und einer schließlich kaum mehr für möglich gehaltenen Wende. Reuter übernimmt 1964 nach seinem Mercedes-Eintritt zunächst Sonderaufgaben, dann das Hauptsekretariat im Finanzbereich. 1971 leitet er den wichtigen Direktionsbereich Unternehmensplanung, 1976 wird er Vorstand für Unternehmensplanung und Organisation. Drei Jahre später ist der von den Arbeitnehmern unterstützte Manager sogar als Nachfolger von Vorstandschef Joachim Zahn im Gespräch, doch Deutsche-Bank-Chef Wilfried Guth zieht Günter Prinz vor. Auch 1983, nach dem Tod von Prinz, rechnet sich Reuter, inzwischen Finanzchef, gute Chancen auf den Chefsessel aus – doch diesmal fällt Guths Wahl auf den Ingenieur Werner Breitschwerdt. Im Aufsichtsrat gibt die Stimme der Vertreterin der Leitenden Angestellten, Maria-Christine Fürstin von Urach, den Ausschlag. Im März 1987 dann die Zäsur: Reuter nimmt, damals eine Sensation, die extra für ihn geschaffene Stelle des stellvertretenden Vorstandsvorsitzenden ein; knapp ein halbes Jahr später sitzt der Manager-Philosoph ganz oben – Wiedergutmachung und Bürde für den »Spätankömmling in der geschlossenen Gesellschaft der Spitzenmanager« (*Zeit*).

Wie schaffte es Reuter, auf den Vorstandchef-Stuhl zu kommen? Was waren die Gründe für den Umschwung nach der glücklosen Bertelsmann-Ära? Und wie gelang es ihm, die zwei Bauchlandungen letztlich doch zu verkraften?

Der Erfolg wäre ohne eine persönliche Umorientierung

sicher nicht möglich gewesen. Irgendwann muß der Selbstzweifler Reuter erkannt haben, daß die Andersartigkeit seiner Herkunft ihn aus der Masse heraushebt und für Höheres qualifiziert. Seinen reichen Bildungsfundus begreift er plötzlich als Chance; Querdenken, durch die sozialdemokratische Identität im Manager-Zirkel quasi vorgegeben, wird zum Profilierungsinstrument, Kommentieren zur Botschaft in eigener PR-Sache. 1980, auf einem Managementseminar in St. Gallen, sagt Reuter in einer berühmt gewordenen Rede jenen Satz, der auch heute noch durch die Medien geistert: »Man kann ein Unternehmen nicht christlich oder sozialdemokratisch, sondern nur gut oder schlecht führen.«

Und er nennt in St. Gallen die Verantwortung für Umwelt und Arbeitsplätze eine originäre Aufgabe des Unternehmens, beileibe sei es keine politische Fessel. In dieser Zeit, als von Öko-Marketing noch nicht und vom Job-Killen häufig gesprochen wird, ist es ein ungewöhnliches und mutiges Bekenntnis. Die geistige Unabhängigkeit, so glaubhaft dokumentiert, erlaubt Reuter das permanente Unbequemsein und das Erschließen neuer Energiequellen – was angesichts des zweimaligen Scheiterns im Kampf um die Vorstandskrone sicherlich auch nötig ist.

Zur Selbstfindung kommen günstige äußere Umstände. Mitte der achtziger Jahre nämlich steht mit Werner Breitschwerdt ein Automobiltechniker an der Spitze des Unternehmens, der den öffentlichen Auseinandersetzungen – etwa über Qualitätsmängel in der neuen Mittelklasse; die von Naturschützern kritisierte, nie gebaute Teststrecke auf dem Boxberg oder Staatssubventionen für das Werk in Rastatt – lieber aus dem Weg geht. Die Maxime des Deutschbankiers Guth, wonach eine Autofirma mit einem Techniker an der Spitze am besten fährt – vorausgesetzt das Produkt ist gut – hält Reuter für nicht ausreichend. Im August 1984 legt er dem Vorstand ein neues Strategiepapier vor, das er fortan im neuen ›Struktur- und Synergieauschuß‹ puscht. Nach Reuters Überzeugung muß die Daimler-Benz AG in nahegelegene Bereiche diversifizieren und übergreifen, wenn sie vor Bedeutungsverlust gefeit sein will: »Strukturwandel rechtzeitig, zu scheinbar sorglosen Zeiten (…) zählt zur hohen Schule der Unternehmensführung.« Die Geschichte, doziert der Humanist, sei »voll mit Trümmern großer Reiche«. Unterstützung findet Reuter in dem für Pkw zuständigen, kumpelhaft wirkenden Vorstand Werner Niefer, der später zum Mercedes-Benz-Vorstandschef avanciert. Die beiden eigentlich völlig unterschiedlichen Manager-Typen spielen ›Doppelpaß‹, forcieren an Breitschwerdt vorbei die Übernahme von Dornier, AEG sowie MTU – und überzeugen schließlich den Hauptgesellschafter Deutsche Bank in Gestalt des Guth-Nachfolgers Alfred Herrhausen. Der erkennt, daß die neue Konzernstruktur auch eine neue Führung erfordert. »So war«, höhnt der *Spiegel*, »fast wie in der Gründerzeit des Kapitalismus ein Superkonzern beim Karriere-Trip zweier Macher entstanden«.

DIE AUSSTRAHLUNG – EIN
PROGRESSIVER, DER KEINER IST

Der Daimler-Chef scheint in kein Schema zu passen – oder besser: die gebräuchlichen Etiketten passen nicht. In einem Interview mit dem *manager magazin* offenbart Edzard Reuter große Differenzen zwischen Eigen- und Fremdbild. »Mir wird immer angehängt, ich sei der große vorausdenkende Stratege, der alles genau weiß. Ich bin ein Unternehmer, der tief davon überzeugt ist, daß es eine bodenlose Arroganz und Unzulässigkeit wäre, alles für die nächste Zukunft bereits vorauszudenken und festzulegen. Ein Konzern wie Daimler-Benz muß doch die Möglichkeit haben, auch auf neue Entwicklungen richtig reagieren zu können.«

Auch wenn in der Öffentlichkeit in den letzten Jahren vor allem über die Hochtechnologie-Anstrengungen des ambitionierten Daimler-Konzerns diskutiert wurde – noch immer stellt die Traditions-Automarke Mercedes-Benz rund sechzig Prozent des Umsatzes und leistet einen offiziellen Gewinnbeitrag von 1,5 Milliarden Mark. Sie ist die Quelle allen Reichtums und soll sie nach den Vorstellungen des Mangements auch noch ein wenig bleiben. 570 000 Personenwagen und 280 000 Nutzfahrzeuge laufen allein 1991 aus den Mercedes-Werken, die produktionstechnisch miteinander eng verzahnt sind. Bei den Personenwagen reicht die Palette von der Kompaktklasse mit dem Einstiegsmodell 190 E 1.8 über die Mittlere Klasse bis hin zur neuen, im März 1991 präsentierten S-Klasse. Bei Nutzfahrzeugen sind Lastwagen über sechs Tonnen der Trumpf des Hauses: Niemand in der Welt ist in dieser Nische größer als Daimler.

Erkennbar aber muß sich Reuter mit Hypotheken der Vergangenheit beschäftigen. Ein schwacher Dollarkurs und daraus resultierende Exportdellen, eine aufbrandende Diskussion um Umweltschäden durch Diesel-Autos, Versäumnisse in der Mittelklasse und der Auftrieb der Nobel-Konkurrenz BMW haben auf Stimmung und Ertrag gedrückt; so war zum Beispiel das Betriebsergebnis 1989 von 1,7 Milliarden auf 940 Millionen Mark abgesackt. Weitere Gefahren drohen, vor allem von japanischen Autoherstellern, die Edel-Karossen für einen wesentlich niedrigeren Preis verkaufen und gleichzeitig in der Fertigungstechnik überlegen sind: So ist bei Toyota zum Bau eines Luxus-Autos nur ein Sechstel der Zeit notwendig, die Daimler veranschlagen muß.

Die publizierten Erkenntnisse Reuters zum Automarkt sind erstaunlich dürftig im Vergleich zu seinen vielen Aussagen über generelle wirtschaftliche Probleme. Der vielfach als Philosoph gehuldigte Manager hat jedenfalls kaum eine Chance, als Vordenker der Branche in die Annalen einzugehen. Konstruktive Aussagen zur Zukunft des ›Umweltschädlings Auto‹ überläßt er weitgehend dem designierten Volkswagen-Gesamtkonzernchef Daniel Gouedevert. Für den Ex-Ford-Manager wird die derzeitige Entwicklung in der Autoindustrie nicht durch ein Eingehen auf Kundenwünsche und das Interesse an einer unversehrten Umwelt geprägt, sondern allein dadurch, daß man auf die Wettbewerber fixiert sei und versuche, sich mit »unintelligenten Maßnahmen« zu übertreffen. Solch harsche, schonungslose Kritik trifft laut Reuter nicht den Kern der Sache, so viel Kurzsichtigkeit will der Daimler-Exot seiner Branche nun doch nicht testieren und verlegt sich lieber auf leise Ironie: »Genau genommen könnte man ja die Polemiken meines temperamentvollen Kollegen auch als hervorragenden Beweis dafür interpretieren, daß es in jeder Wüste wenigstens eine Blume geben muß...«. Zwar räumt der alle Eventualitäten genau taxierende Reuter ein, daß es handfeste Probleme geben könne – »Boom heute, Überkapazitäten morgen, Vernichtungskonkurrenz übermorgen, wer weiß?« –, doch klingt dies eher nach intellektueller Pflichtübung. Entweder spielt Reuter in der Öffentlichkeit das Thema bewußt herunter, oder aber die Mercedes-Vorstandsriege denkt in diesem Fall tatsächlich weiter als der Chef: Im Frühjahr 1991 beschließt sie,

Kein leichtes Erbe ...
... hinterließ Werner Breitschwerdt dem SPD-Mitglied Reuter. (dpa)

ein eigenes Elektroauto bis zur Serienreife zu entwickeln. Das wird auch Zeit, schließlich ist Mercedes-Benz drauf und dran, bezüglich Elektro-Autos von der Konkurrenz überholt zu werden: Während Daimler auf der Automobilausstellung 1991 in Frankfurt lediglich einen Mercedes 190 mit zwei Elektromotoren zeigte, wartete BMW bereits mit einem speziell entwickelten Elektrofahrzeug-Prototyp auf.

Ärgerlich findet Reuter die fortdauernden Probleme beim Schnittstellen-Management zwischen den einzelnen Verkehrsträgern. Der »Star unterm Stern« (*ARD*) glaubt beispielsweise, daß der Umschlag von Fernverkehrsgütern durchaus so organisiert werden könnte, daß er am Rande der Städte stattfinden würde. Lastkraftwagen würden so der Innenstadt fern bleiben.

»Verzichtet man (...) auf Systemanalysen, landet man sehr schnell bei jenen Schlaumeiereien, die derzeit so populär sind, daß mancher dafür wohl gern ein Patentrezeptamt aufmachen möchte«, kanzelt Reuter dagegen Leute wie den Münchner Wissenschaftler Frederic Vester ab, der für elektrisch betriebene Kleinautos plädiert. Der Strom käme, spottet Reuter, ja nicht aus Kraftwerken, sondern aus der Steckdose; die Bahnhöfe, Gleise und Züge bauten sich ja von selbst.

Jenseits des formalen Glanzes der Reuter-Rhetorik und der virtuosen Kraft seines unbeschränkten Sarkasmus' zeigen sich aber gerade bei den Einschätzungen zum Auto inhaltliche Unzulänglichkeiten, die den Verdacht erhärten, Reuter sei gar nicht jener Progressive, für den er gehalten wird. So konstatiert er zum heiklen Punkt der externen Kosten des Verkehrs – diese werden nicht über den Marktpreis abgegolten, sondern von der Allgemeinheit getragen – in überaus schlichter Manier: »Alle Versuche (...) sie zu quantifizieren, stehen letztlich vor unlösbaren Erfassungs- und Bewertungsproblemen.« Wasser-, Luft- und Bodenverschmutzung, Lärm, Unfallfolgebelastungen und Landschaftsverbrauch erscheinen in dieser Logik als nicht existent, weil sie sich nicht der Zahlenarithmetik einer vordergründigen Rechnungslegung anpassen.

Was aber hilft es dem sterbenden Wald, wenn Reuter

ironisch auf hohe Differenzen zwischen zwei Studien verweist? So hat die Bundesbahn externe Kosten von jährlich 37 bis 47 Milliarden errechnet, während das Umwelt- und Prognose-Institut Heidelberg allein die externen Umweltschäden durch Personen- und Lastkraftwagen auf 220 Milliarden im Jahr beziffert. Leider, so Reuter, handele es sich um nichts anderes als »um scheinbare Fakten«. Die Schäden seien nicht genau erfaßbar.

Phantasielosigkeit läßt sich auch beim Thema ›Erhöhung der Mineralölsteuer aus umweltpolitischen Gründen‹ erkennen – eine Forderung seiner eigenen Partei, der SPD. Laut Reuter liegt der Forderung eine »merkwürdige Logik« zugrunde: Die durch die Steuererhöhung erhoffte nachhaltige Eindämmung oder Umlenkung des Verkehrs müßte ja zu einem Sinken des Aufkommens aus dieser Steuer führen, begründet der Daimler-Vorstandsvorsitzende seine ablehnende Haltung. Dabei vermeidet er jedoch eine ökonomoisch saubere Abwägung der relativen Änderungsraten. Geht etwa die Steuer um zwanzig Prozent hoch und der Benzinverbrauch um zehn Prozent runter, bleibt absolut trotzdem eine Erhöhung des Steueraufkommens. Über das vordringliche Thema, wie mit Preisanreizen die Bürger zum umweltbewußten Fahren zu bringen sind, verliert Reuter, der auch einmal ein Stellenangebot als Bundesbahnpräsident in der Tasche hatte, kein Wort. Statt dessen zelebriert er, ein wenig selbstgefällig, eine Moral, die alles andere als auf Veränderung setzt: »Ganz zufrieden wäre ich erst, wenn auch die kritischen Geister unserer Gesellschaft einmal ihren inneren Frieden damit schließen könnten, daß es schlichtweg eine Illusion ist, zu glauben, es könne Fortschritt – besser: es könne Zivilisation – geben, ohne dafür mitunter auch mit anderem als Geld bezahlen zu müssen.« Statt sich in Allgemeinplätzen zu verlieren, müßte Reuter stärker in die Offensive gehen und Alternativen aufzeigen. Möglicherweise gelingt dies beim Recycling von Altautos, für das Daimler eine Kooperation mit der Firma Lurgi eingegangen ist.

DER KOMMUNIKATOR – ÜBER ALLES MUSS MAN REDEN

Fast ein wenig zierlich und zerbrechlich wirkt der 1,80 Meter große Edzard Reuter. Seine sportlichen Leidenschaften - Tennis, Segeln, Reiten, Skifahren – sind ihm auf den ersten Blick kaum zuzutrauen. Er erscheint dem Beobachter eher wie ein intellektueller Kulturfreund, der Theaterstücke nächtens in Bars zerredet oder bei Rotwein die Welt neu erfindet und Gott anders definiert. Die asketisch harten Gesichtszüge verbieten jenes offene Lächeln, mit denen Sonnyboys und Charmeure gemeinhin ihre Gesprächspartner umgarnen. Reuters Trumpf ist die Schlagfertigkeit, der beißende Witz, die aus einem reichen Bildungsschatz gespeiste verbale Bloßstellung. »Er ist kein Blender«, porträtiert Franz Thoma in der *Süddeutschen Zeitung*, »sondern einer, dessen Qualitäten erst bei näherem Hinsehen offenkundig werden«.

Wie auf einem permanenten Selbstbehauptungs-Trip lauert der mächtige Industriechef auf Gegenargumente und Widerspruch, um an ihnen das eigene Schwert zu schärfen. Er liebt es, den Gegenüber zu verblüffen, Attacken zu eröffnen und den Gesprächsfaden nach eigenem Gutdünken zu ent- oder verwirren. Kommt man ihm mit Klischees, steigert sich Reuter zu eloquenten Bestleistungen – die von wütenden Zwischentönen begleitet sind, wenn es sich um ein besonders einfaches Klischee handelt. In Verlegenheit kommt er in der Öffentlichkeit selten, die Selbstdisziplin funktioniert perfekt. Schließlich weiß Reuter genau, was er sich und seiner Rolle schuldig ist.

Privat ist der knorrig erscheinende Reuter ein Genußmensch mit einem Faible für künstlerisches Ebenmaß und literarisches Niveau. Seine Lieblingszitatquelle sind Bücher von Antoine de Saint-Exupery, seine Leidenschaft gilt der modernen Malerei. Millionenschwere Bilder hängen in Reu-

Symbolträchtig
Das übergroße Daimler-Wahrzeichen ›lastet‹ auf den
Schultern Reuters. (dpa)

ters Vorzimmer. Der bildungsbürgerliche Humus gibt dem
Vorstandsvorsitzenden die Kraft, in schwierigen Situationen
reagieren zu können. Das Privatleben füllt seit 1973 die
Ehefrau Helga aus, die sich zu geschäftlichen Dingen nicht
äußert, für jene im Illustrierten-Milieu so beliebten Homesto-
ries nicht zu haben ist und ihren Mann gelegentlich mit grünen
Gedanken zum Widerspruch, aber auch zu einer Nachdenklichkeit reizt, die er sich coram publico nicht leisten kann.

Es gibt kaum ein gesellschaftspolitisches Thema, zu dem

sich Reuter nicht zu Wort meldet – im »Vertrauen auf die Durchsetzung von Vernunft im öffentlichen Diskurs«, die gleichbedeutend mit Gefolgschaft und Zuspruch für Daimler-Benz ist. Da spricht er innerhalb kurzer Zeit zu »Führung und Partnerschaft« beim Internationalen Managementgespräch in St. Gallen, da schildert er Studenten und Professoren der Universität Bonn die »Verantwortung des Unternehmers«, da skizziert er in der Hochschule für Verwaltungswissenschaften den »Manager in der modernen Industriegesellschaft« – Reuter redet sich durch Deutschland. Er ist einer der wenigen Wirtschaftsführer, die je nach Zielgruppe und aktueller Nachrichtenlage frei und gewinnend ihren Standpunkt darlegen können und das peinliche Vom-Blatt-Ablesen nicht nötig haben. Dabei hat er einen hohen Output zitierfähiger Vokabeln. »Wenigstens alle vier Wochen eine richtungswegweisende Weisheit zur Lage der deutschen Nation«, lästert ein Managerkollege, »scheint Reuters Minimum zu sein«.

Natürlich liegt dem in Berlin geborenen Geschichts-Fan zum Beispiel das Wohl und Gedeihen der Hauptstadt besonders am Herzen. Als sich der Deutsche Bundestag im Juni 1991 nach langer Diskussion für Berlin als Parlaments- und Regierungssitz entschied, kommentierte Reuter mit für ihn ungewohntem Pathos: »Dies ist eine Entscheidung für die historische Glaubwürdigkeit der deutschen Politik und für eine verantwortliche Rolle der Bundesrepublik im weiteren Prozeß der europäischen Einigung, aber auch im Hinblick auf die wirtschaftliche Einbindung der mittel- und osteuropäischen Nationen.« Aus seiner Sicht handele es sich um »ein unverzichtbares Signal, wenn die wirtschaftliche Erholung der fünf neuen Bundesländer erfolgreich weitergehen soll«.

Eine Studie über ein Berliner Gesamt-Verkehrssystem, die für den zügigen Ausbau des öffentlichen Nahverkehrsnetzes und den umfassenden Einsatz moderner Verkehrsleittechnik plädiert, konnte der Daimler-Chef rechtzeitig aus der Schublade ziehen. »Doch die Hasenfüße liegen nur so herum«, schimpft Reuter. Denn bevor an Genehmigungs-, Eigentums-

und Finanzierungsfragen zu denken, müssen zuerst Verhandlungen zwischen Bundesbahn, Flughafen-Betreibern, städtischen Verkehrsbetrieben, Bundes- und Landesregierung sowie Bezirksrepräsentanten geführt werden. Zwar ist auch ein Riesenunternehmen wie Daimler notgedrungen bürokratisiert – doch soviel Instanzenwirrwarr schreckt einen Macher wie Reuter.

Auch im Städtebau fühlt sich der gelernte Jurist kompetent. So würden »in Wirklichkeit ein paar Eckwertbeschlüsse über Verkehrsachsen und Bahnhöfe« ausreichen. »Wer also meint, Berlin brauche erst den großen, städtebaulichen Gesamtentwurf, bevor Weichenstellungen vorgenommen werden, scheint mir schief gewickelt«. Ein quicker Ideenwettbewerb – das war für Reuter von Anfang an auch das richtige für das Gelände am Potsdamer Platz, wo Daimler ein neues Zentralgebäude für die Dienstleistungstochter Debis hinstellt. Für jeden der 62 000 Quadratmeter hatte Daimler 1505 Mark gezahlt – der Marktpreis ist inzwischen mehr als fünfmal so hoch.

Olympia 2000 an der Spree, das ist ein weiteres Schlagzeilen-Feld für den Wirtschaftsriesen Daimler-Benz, der freilich keine Mercedes-Spiele veranstalten, sondern vor allem organisatorische und kommunikative Hilfe geben will. Pro Jahr gibt Daimler-Benz mindestens zwanzig Millionen für Sport und Kultur aus – »der Konzern will ein menschliches Antlitz zeigen«, findet die *Frankfurter Allgemeine Zeitung*. Insbesondere Liebhaber der Yuppie-Sportarten Golf, Reiten und Tennis profitieren von den imagebildenden Maßnahmen, die sich so gut mit dem Geschäftlichen verknüpfen lassen.

Stringent bewegt sich Edzard Reuter bei seinen Feldzügen auf den Pfaden des kritischen Rationalismus; er glaubt an sachlogische Lösungen und die technische Beherrschbarkeit von Problemen. »Nur die Fähigkeit und der Wille zur Vernunft, auf der Grundlage des Mutes, sich den eigenen Kopf zu zerbrechen und mit Standhaftigkeit und Würde äußerem Druck zu widerstehen, kann die Unternehmung rechtzeitig auf neue Entwicklungen einstellen« – dieses Bekenntnis wirkt wie die Präambel eines Programms, das die sofortige Reparatur aller Defizite einplant und zum selbstverständlichen Dienstleistungsangebot macht. In der Ökologie etwa müßten »alle die vielen kleinen, dafür aber praktikablen Möglichkeiten genutzt werden, um die Umwelt vor weiterer Zerstörung zu schützen oder sogar, wo es geht, sie zu sanieren«. Mit der ihm eigenen dezenten Selbstironie buhlt Reuter um Sympathie: »Denn auch uns hartgesottenen und, wie jeder weiß, aber auch an nichts als kurzfristigen Profiten interessierten kapitalistischen Haien ist längst klar, daß wir uns zum Schluß selbst das Wasser abgraben, wenn der Raubbau an der Natur hemmungslos fortgesetzt wird.«

Selbstgefällig hatte er noch 1987 zur Forderung, die Wirtschaft solle nur noch qualitativ wachsen, erklärt: »Ein Klima der Kreativität bereitzustellen, in dem erfunden, experimentiert und kombiniert wird, ist (...) allemal wichtiger, als sich in fruchtlosen Debatten über die Zielrichtung von Wachstum zu verstricken. Ökonomen wissen das.«

Den umweltpolitischen Struktur- und Kulturwandel, der in einigen Firmen-Hauptquartieren zum Erstellen von Öko-Bilanzen geführt hat, begleitet Reuter mit einer im Vorstandsauftrag formierten Projektgruppe Umweltschutz, die konzernweit Umweltleitlinien erarbeitet. In einem Entwurf stehen Wirtschaftlichkeit und Umweltschutz als gleichrangige Ziele nebeneinander, worüber hausintern heftig diskutiert wird – für Menschenführer Reuter eine willkommene Gelegenheit, schöpferische Unruhe und Beweglichkeit in seinen Massenkonzern zu bringen. Zudem installierte er im Vorgriff auf den verschärften »ökologischen Kompetenzwettbewerb« für die Daimler-Holding und seine vier Unternehmensbereiche Umweltbevollmächtigte, die uneingeschränktes Informations- und Einsichtsrecht haben.

›Weiche Faktoren‹ in der Mitarbeiterführung – damit sind Emotionen, Stimmungen und die Identifikation des Personals mit den Firmenzielen gemeint – nimmt Reuter verbal sehr ernst: »Wir ringen um interne Akzeptanz, weil wir wissen, daß

Überzeugung, nicht etwa Befehl oder Überredung, das entscheidende Fundament für unseren weiteren Erfolg ist.« Neben den Spezialisten bräuchte Daimler künftig weitaus mehr Generalisten als früher – Menschen mit breitem Wissen und breiter Erfahrung auf dem Gebiet des allgemeinen Managements. Menschen, die wie Reuter sind.

Ausgesprochen sozial-orientiert gibt sich der Vorstandschef in den neuen Ländern, die kein Billiglohngebiet bleiben könnten. Frühzeitig nach der Wende empfahl er den alten Kombinatsleitern, »nicht allein der Versuchung der Kaltherzigkeit des Erfolgs« nachzugeben und den Begriff der Solidarität nicht zu vergessen. Beim vierten Stuttgarter Manager-Gipfel Anfang April 1991 plädierte Reuter für Beschäftigungsgesellschaften – die Koexistenz von Arbeitslosen und unerledigten Arbeiten sei ein Widerspruch. Solche Töne dürften vom Unternehmerlager mit Skepsis aufgenommen worden sein.

Wer glaubt, daß mit den vielen Gedankenflügen und Differenzierungen eine interne Entscheidungsschwäche einhergeht, irrt. Reuter, der Geistesmensch, ist, wenn es darauf ankommt, kein Freund des Zauderns, sondern der knallharten Machtexekution. Wenn es darum geht, die eigene Position durchzusetzen, fallen die sonst liebevoll gepflegten Verästelungen der Sprache zugunsten markiger Losungen weg. Offen ausgetragene Autoritätskonflikte hat jemand, der so geschickt die Instrumente bedient, nicht. Zugleich bleibt Reuter jenen fern, die platt und ohne Nachdenken die jeweils angesagten Trends nachbeten. Der Denker ist immer schon einen Schritt weiter, nie fügt er sich konformistisch ins Umfeld.

Scheinheiligkeit, Patentrezepte und halbe Sachen sind ihm ein Greuel, ebenso Heilsverkünder, Ideologen und falsche Propheten von links und rechts. Die Ideologisierung der Wirtschaftstheorie etwa, wo Keynesianer, Angebotstheoretiker und Monetaristen in abgeschotteten Denkschulen eine Art mathematisch verbrämtes Sektierertum betreiben, stößt ihn ab. Er plädiert für einen »Pragmatismus, der sich vorrangig des jeweils am stärksten verletzten Ziels im magischen Viereck« –

Preisstabilität, Vollbeschäftigung, Wachstum und Außenhandelsgleichgewicht – annimmt und rät zu einer neuen Konzertierten Aktion zwischen Staat, Arbeitgebern und Gewerkschaften. Typisch auch, was Reuter zur Umweltpolitik sagt: »Griffige Formeln wie die von der Verträglichkeit von Ökonomie und Ökologie haben Konjunktur. Gewiß, das hat Bekenntnischarakter und sollte keineswegs gering geschätzt werden. Welche Zumutungen sich im Einzelnen aus derart weitreichenden Forderungen ergeben, sollte aber gleichfalls nicht übersehen werden.«

Was treibt den Pragmatiker bei seinem ›Issue-Management‹, beim generalstabsmäßigen Besetzen von Themenfeldern? Ist es die Wut über die verkannte Rolle des Unternehmers, den Reuter von Klischees (»reich, gewinnsüchtig, borniert, wachstumsgläubig«) regelrecht »umstellt« sieht? Oder ist er einfach nur der erste und beste Öffentlichkeitsarbeiter seines Unternehmens, der erkannt hat, daß Mitreden bei aktuellen Problemen viel effektiver ist als lange Anzeigenstrecken in Zeitungen und Zeitschriften zu schalten? Oder handelt es sich doch um persönliches Prestige- und Sendungsbewußtsein, typisch für jemanden, der nach langen Perioden der Zurückweisung endlich an den Hebeln der Macht sitzt?

An allem ist etwas dran. Nur zu genau weiß Reuter um die Mechanik der Mediengesellschaft, in der unternehmerischer Erfolg immer auch kommunikativer Erfolg ist. Die Journalisten lieben ihn, wenn er originelle Bonmots und Meinungen, gegen den Strich gebürstet, bietet. So etwas ist gut verkäuflich. Uneingeschränkt räumt der Medienstar der Presse den Status eines »legitimen Organs öffentlicher Kontrolle« ein. Auf seine unnachahmliche Weise schränkt der Daimler-Chef dieses Grundsatzbekenntnis allerdings gleich wieder ein: »Im Zweifel gilt immer, daß nicht alle Probleme in den Medien Probleme sind, daß aber sehr wohl alle Probleme früher oder später in den Medien auftauchen.«

Wenn er sich und seine Intentionen erklären soll, bemüht Reuter gerne Max Weber und den von ihm beschriebenen

Prozeß zunehmender Rationalität. Technik und Organisation so einzusetzen, daß sie zur ständigen Verbesserung der materiellen Lebensverhältnisse beitragen, das ist das propagierte Ziel dieser Haltung, die die permanente Fähigkeit zur Veränderung will. Als weiteren Zeugen führt er den Ökonomen Josef Schumpeter an, der die Fähigkeit zum Wandel als Möglichkeit, neue Kombinationen zu erfinden und durchzusetzen, definiert. Ein Teil davon ist das Nachdenken in übergreifenden Perspektiven, der Mut zur unternehmenspolitischen Utopie. Wertvorstellungen begreift Reuter als »Motor von Veränderungen«, sei es bei der Globalisierung des Geschäfts, sei es beim Aufkommen des Europäischen Binnenmarktes. Verteilungsfragen – der Streit um Geld zwischen Kapitaleignern und Arbeitnehmern, Staat und Wirtschaft, Kranken und Gesunden – ist in dieser Ordnung zweitrangig. Für Reuter, der den Gewerkschaften auch schon mal »Lohnpause« empfiehlt, ist letztlich entscheidend, ob der von den Unternehmen bewirkte Wandel gesellschaftlich akzeptiert wird oder nicht. Davon hänge ab, ob eine Firma als ›konservativ‹ oder ›fortschrittlich‹, als ›gut‹ oder ›böse‹ erscheint.

Noch einmal St. Gallen, anno 1980 – dort hat Reuter die Verantwortung des Unternehmers und der Manager so auf den Punkt gebracht: »Es geht schlicht und einfach darum, daß unternehmerisches Handeln zwangsläufig politisch relevant ist. Sie hat zur Konsequenz, daß wir uns nicht mehr darauf beschränken können, uns mit unseresgleichen in die Nischen der Chefetagen zurückzuziehen, sondern zu den politischen, wirtschaftlichen und sozialen Herausforderungen (...) in offener, notfalls offensiver Kommunikation Stellung beziehen müssen.« 1985, damals war Reuter ›nur‹ Finanzvorstand, warnte er in einem Vortrag an der Universität Stuttgart-Hohenheim vor »Mythokraten und Technokraten«: Wirtschaftsunternehmen seien »mehr als Instrumente einer partikularen Verstandesleistung von Technokraten«. Der Aufsteiger bekannte sich zu »Unternehmenspersönlichkeiten, die die Versöhnung von ökonomischer und politischer Macht verkörpern, von Denken und Handeln, von Idealen und Realität« – als Beispiele fielen ihm Matthias Erzberger, Walter Rathenau und Robert Bosch ein.

Ein wichtiger Unterschied ist bei der gewollten Aussöhnung jedoch nicht zu übersehen: Während über Veränderungen, für die die Politiker sorgen sollen, per Wahlzettel abgestimmt wird, entfällt ein solches Korrektiv bei Entscheidungsträgern wie Reuter. Die Voten der Kleinaktionäre auf der Daimler-Benz-Hauptversammlung können kaum als Ersatz genommen werden.

Für den eingangs erwähnten Experten Galbraith liegt die Motivation der Manager vor allem im Willen zur Macht sowie im ausgereiften Statusdenken die Manager. Solche Gedanken weist Reuter immer weit von sich. Größe um der schieren Größe willen interessierten ihn nicht, sagte er 1988 dem Publizisten Thilo Koch in einem Tischgespräch. »Ebensowenig wie Macht, Profit, Ruhm um ihrer selbst willen. Das ist etwas für Paranoiker.« Eine weltweite Machtkonzentration in einem militärisch-industriellen Komplex sei auch für ihn eine »Horrorvision«. Wörtlich: »Auch der größte Technologiekonzern soll und darf keine unkontrollierte politische Macht ausüben. Daimler-Benz, wie es uns vorschwebt, soll einen deutsch-europäischen Beitrag leisten zu dieser Weltaufgabe: Technischer Fortschritt im Dienste einer Menschheit, die ohne Technik zu Elend und Untergang verurteilt wäre.«

Reuter, der Wohltäter? Reuter, der Missionar der schönen neuen Welt? Tatsache ist, daß der Daimler-Pilot sichtbar die Macht genossen hat, jederzeit auf dem Klavier der Kommunikation den Ton angeben zu können. Umschmeichelnd breitet er große Theorieentwürfe aus, ist befriedigt, wenn sich sein Auditorium in den Bann ziehen läßt – das ist die Kür. Facts and figures, die unvermeidlichen Zahlen der Bilanz, präsentiert er hingegen sachlich-kühl, aufs Minimum reduziert – das ist die Pflicht. Da steht einer, der mit sich selbst kokettiert, der in Erwartung eines Widerspruchs klagt, er sei viel zu sehr damit beschäftigt, ›Laienschauspieler‹ zu sein. Der gleichzeitig

Möhringens Campanile
Die Kommandozentrale des württembergischen
Industriegiganten.

(dpa)

Rätsel aufwirft und Kritik provoziert, um so wieder einmal Gelegenheit zu finden, die eigene Position nuancenreich zu erklären und anderen zu zeigen, wie uninformiert, vorurteilsbesessen oder besserwisserisch sie sind. ›ER‹ ist nicht zu fassen. Woher der spielerische Umgang mit Gesprächspartnern kommt? Reuter bemüht den Tennisplatz als Ort praktischer Lebensschule: »Da habe ich gelernt, mich durchzusetzen. Da muß man auch sehr individuell verlieren können und das mit Fassung tragen.«

DER TRAUM – ZAUBERFORMEL
›GESCHÄFTLICHE ALLIANZ‹

›Geschäftliche Allianzen‹ – dieses Schlagwort spricht Reuter wie eine Zauberformel aus. Partnerschaften bei einzelnen Projekten oder sogar Beteiligungen sollen das Risiko der Expansion mindern und auf mehrere Schultern verteilen. Seinen Dasa-Ableger MTU etwa führte Reuter beim Triebwerkbau in eine Ehe mit der Firma Pratt & Whitney, die zum amerikanischen Konzern United Technologies gehört; für dieses Geschwader gab Reuter eine 25jährige Partnerschaft mit Pratt-Rivale General Electric auf. MTU sei zwar als internationaler Partner stets interessant gewesen, dies aber nur als Minderheitsgesellschafter, analysiert der Konzerndenker. »Nun haben wir plötzlich den Status eines international vollwertigen Partners.« Nichts wünscht sich der Daimler-Chef mehr, als in der Weltliga endlich Respekt zu erheischen, und so strickt er denn für viele Einheiten des Konzerns an internationalen Netzen.

Auf allerhöchster Kommandoebene laufen seit geraumer Zeit Gespräche zwischen Daimler und dem japanischen Mega-Konzern Mitsubishi. Konkretes aber läßt auf sich warten, obwohl die beiden Konzerne im März 1990 in Singapur von einem »baldigen engen Schulterschluß«, einer bevorstehenden tiefgreifenden Kooperation bei Forschung, Entwicklung und im Vertrieb gesprochen haben. Einzig Mercedes-Autos profitieren schon: Mit über 30 000 verkauften Fahrzeugen pro Jahr liegen die Stuttgarter dank des Mitsubishi-Distributionsnetzes im Land der aufgehenden Sonne deutlich vor BMW. Reuter zu den fetten UTC- und Mitsubishi-Deals: »Sie sollten für niemanden überraschend sein, bestimmt nicht für die Amerikaner. Wir haben immer gesagt, daß wir als europäische Partner eine Welt-Dimension bekommen wollen (...) Wir tun dies nicht gegen Amerika – wir wollen einfach in Partnerschaft mit amerikanischen Firmen ernstgenommen werden.« Insbesondere die Verbindung zum fast viermal so großen Mega-Konglomerat Mitsubishi, hat in der internationalen Presse und Öffentlichkeit viel Mißtrauen aufkommen lassen. Vom »Pakt mit dem Dämon« war in französischen Zeitschriften zu lesen, von einer »neuen Achse Berlin-Tokio« zwischen den beiden Hauptverlierern des Zweiten Weltkriegs. »Dumm«, nennt Reuter solche Vergleiche, und verweist mit einigem Recht darauf, daß die Kriegsallianz eine politische und keine wirtschaftliche Achse war. Das ändert freilich nichts daran, daß ein Machtfaktor wie Daimler-Benz, der auch durch staatliche Industriepolitik zu dieser stattlichen Größe aufgepäppelt wurde, als politisches Haus gesehen wird.

Sich nur auf internes Wachstum zu beschränken, das ist in der grenzenlosen Weltmarkt-Perspektive des Daimler-Chauffeurs, dessen Unternehmen zu 57 Prozent vom Auslandsgeschäft lebt, »ein waghalsiger, wenn nicht gar todesmutiger Dogmatismus«. Der Transport von Gütern, Personen und Informationen, »entschieden gefördert durch Mikroelektronik und Kommunikationstechnologie«, hat »die Welt zu einem Dorf gemacht« – ein Gedanke, den Theoretiker des Global Marketing schon weit vor ihm hatten. Die hohen Produktentwicklungszeiten – für ein neues Pkw-Modell acht bis zehn Jahre – könnten über geschäftliche Allianzen reduziert werden. Diese Bündnisse seien geeignet, »mit vergleichsweise geringem Ressourcenaufwand und einem erheblich verminderten Risiko den Herausforderungen dieser Welt im Wandel zu begegnen«. Unternehmen bekämen so Zugang zu neuen Märkten und Vertriebskanälen, erschlössen Synergieeffekte und sparten mit größeren Mengen auch Fixkosten. Und wieder begreift Reuter sein Tun politisch: Eine »ökonomische Sicherheitspartnerschaft« sei in der Lage, nach der Auflösung der alten weltpolitischen Machtblöcke ein neues stabiles Gleichgewicht zu bewirken – angeblich ein effektives Mittel zur Friedenssicherung, denn wer miteinander Handel treibt und Geschäfte macht, beschießt sich nicht.

Daß weltweiter Frieden weniger eine Sache der Wirtschaft als vielmehr des Rechts ist, fällt in dieser Theorie unter den Tisch. Zu stabilen Verhältnissen gehören beispielsweise harte Wettbewerbsgesetze, um die wenigen supermächtigen Firmenagglomerate der Welt sinnvoll kontrollieren zu können. Reuters im Wochenblatt *Zeit* dokumentierter Glaube, die »bösen Multis« könnten noch mal zum Segen der Menschheit werden, »wenn man es nur richig anstellt«, erscheint recht blauäugig und interessengefärbt. Multis tendieren dazu, die für sie jeweils günstigsten Gesetze im weltweiten Verbreitungsgebiet auszunutzen – und das könnte ein Grund für mangelnde Friedfertigkeit sein.

DIE SKANDALE – EIN ANONYMUS ALS VORSTANDSSCHRECK

Schöne Worte sind eine Sache, Enthüllungen eine andere. Daimler-Benz ist viel öfter im Gerede, als es dem in Vorträgen moralisierenden Reuter lieb sein kann. Eine Reihe von Skandalen und Skandälchen brachten den Daimler-Benz-Konzern ins Image-Abseits und in die Schußlinie der Stuttgarter Justiz, die früher stets recht zahm und behutsam mit dem größten Arbeitgeber und Steuerzahler der Region umgegangen war.

»Wir schaffen beim Daimler« – das ist in der baden-württembergischen Hauptstadt stets eine Art Auszeichnung gewesen; warum sollte man auch mit einem so angesehenen Unternehmen streng ins Gericht gehen, hatten sich die Herren und Damen der Rechtspflege früher gefragt. Das hat sich seit dem Sommer 1990 gründlich geändert. Damals setzte sich Mercedes-Boß Werner Niefer, der engste Vertraute und Stellvertreter von Edzard Reuter im Vorstand, nach einem Geschäftsessen in der italienischen Hauptstadt Rom zum Gaudium der Mercedes- und Gäste-Crew ans Steuer eines Reisebusses. Dabei soll er in alkoholisiertem Zustand gewesen sein; jedenfalls verursachte ›Mr. Mercedes‹ in der Folge einen Unfall und verletzte eine deutsche Touristin aus Stuttgart schwer. Als die Polizei eintraf, war Niefer, der nur über einen brasilianischen Bus-Führerschein verfügt, verschwunden.

Die brisante Episode wäre beinahe in den Gerichtsakten verschwunden, denn in Stuttgart wollte der ermittelnde Staatsanwalt das Verfahren seltsamerweise einstellen – gegen die Bezahlung einer Geldbuße von 60 000 Mark. Es blieb dem Richter vorbehalten, gegen den Widerstand der eigentlichen Strafverfolger das Verfahren zu eröffnen! Inzwischen ist gegen den so großzügigen Staatsanwalt ein Ermittlungsverfahren eingeleitet worden.

Als ob Reuter mit diesem peinlichen Zwischenfall nicht

schon genug belastet wäre, schlug die Justiz Mitte Februar 1991 bei seinem Freund Niefer ein weiteres Mal zu. Diesmal ging es um den Vorwurf der Steuerhinterziehung. Der Mercedes-Chef soll sich in seiner Prunkvilla auf dem Stuttgarter Killesberg einen Kamin auf Kosten des Unternehmens eingebaut, der Finanzverwaltung aber diesen geldwerten, zu versteuernden Vorteil verschwiegen haben. Über eine ähnliche Affäre war eine andere Managergröße in Stuttgart, Standard-Elektrik-Lorenz-Chef Helmut Lohr, gestolpert und ins Gefängnis gewandert. Die Steuerfahnder durchsuchten Niefers Büro und Privathaus penibel; der Angeschuldigte selbst streitet die Vorwürfe pauschal ab, schweigt aber zu Details.

Paßt dies zur Offenheit im Führungsstil, zur gesellschaftlichen Verantwortung, die Reuter so gern auf den Lippen führt? Statt dessen scheint im Haus mit dem Stern die Losung ausgegeben worden zu sein, die Schuld auf den geheimnisvollen Insider abzuwälzen, der in anoymen Anzeigen höchst kenntnisreich die Staatsanwaltschaft und die Steuerfahndung informiert hat. Viele vermuten, daß es sich um eine Führungskraft handelt, die unter Niefer/Reuter keine Karriere machte. Der Anonymus präparierte die Behörden so gut, daß sie mit einer Hundertschaft Mitte März in den Daimler-Gebäuden in Möhringen und Untertürkheim auftauchten und sich dabei unter anderem schon wieder für Niefers Büro interessierten. Der Vorwurf gegen zehn Top-Manager und den Konzern ist kaum zu überbieten: Illegal sollen Lastkraftwagen und Sattelschlepper in den Nahen Osten – zum Teil für Rüstungszwecke – exportiert worden sein. Zudem sollen bei Geschäften im Grauen Markt über Zwischenmakler (Consultants) viele Millionen Mark als Provisionszahlungen an leitende Mitarbeiter im Vertrieb gezahlt worden sein. Akten lagerten in einer konspirativen Privatwohnung.

»Wer näher hinschaut«, kommentierte die *Stuttgarter Zeitung*, »sieht nicht nur den Stern, sondern auch den Dschungel«. Die Illustrierte *Stern* schaute bei Vorgängen aus den Jahren 1983 und 1984 genau hin, als zweihundert doppelachsige Lastkraftwagen für 20,5 Millionen Mark in den nahöstlichen Grauen Markt verschoben wurden. Fünf Prozent der Summe flossen laut *Stern* als Provision über eine schweizerische Briefkastenfirma an die FDP. Doch bei der Partei, die den Deal angeblich eingeleitet hatte, ist das Geld nie angekommen. Dafür tauchte die Summe, so Erkenntnisse der Abteilung für Wirtschaftskriminalität der Staatsanwaltschaft Stuttgart, in den Daimler-Büchern als ›Nützliche Ausgaben‹ auf.

Reuters Verhältnis zu dem gleich an drei Fronten kämpfenden Niefer hat sich über die Affären hinweg sichtbar verschlechtert. Der Vorstandsvorsitzende, so vermuten Beobachter, ist über die Heimlichtuerei Niefers und die wenig souveräne Art, wie er trotzig an seinem Stuhl festhält, schwer enttäuscht. In der Öffentlichkeit pariert Reuter mit gewohnt grundsätzlichen Ausführungen die Flut an Vorwürfen. »Selbst der kombinationsfreudigste Anonymus« werde mit seinen Verdächtigungen scheitern, sein Haus werde »auch diese Hysterie« unversehrt überstehen, verkündet Reuter: »Jede Frau und jeder Mann kann sich darauf verlassen, daß wir ohne Einschränkung hinter ihnen stehen, solange ihre Schuld nicht erwiesen ist.« Das klingt nach Durchhalteparolen und Wagenburg-Mentalität, gelegentlich aber nach hilfloser Larmoyanz: »Namen von Menschen wurden rücksichtslos an den öffentlichen Pranger geschlagen, die dafür in ihrem privaten Umfeld mit bitteren Lebensumständen bezahlen müssen.« Offenbar ist Niefer gemeint.

Die sich häufenden Skandale sind ein Preis, den Reuter für Expansionsdrang und Eintritt ins Rüstungsgeschäft bezahlt. Er mag noch soviel klagen, daß kein wirtschaftliches Thema in der Bundesrepublik »mit mehr Heuchelei, Feigheit und Opportunismus durchsetzt« sei als das des Waffenexports – Daimler, die selbsternannte ordnende Marktkraft, hat sehenden Auges das Rüstungs-Risiko auf sich genommen. Das provoziert das besondere Interesse der Öffentlichkeit; Kritiker haben dabei immer wieder internationale Verschiebepraktiken im Visier.

Ende einer Männerfreundschaft?
Edzard Reuter im Gespräch mit seinem in Verruf geratenen
Stellvertreter Werner Niefer. (dpa)

So liefert MBB etwa über die ihr zur Hälfte gehörende französische Firma Euromissile Kampfhubschrauber auch in potentielle Spannungsgebiete, früher in den Irak. Das sei seit Kanzler Helmut Schmidt so, pflegt Edzard Reuter zu antworten und verweist auf gültige Staatsverträge. Definitive Regelungen müßten auf höherer politischer Ebene vereinbart werden, europaweit solle es zur Exportkontrolle von Waffenlieferungen kommen.

Intern hat Reuter Richtlinien zu freiwilligen Kontrollbeschränkungen aufgestellt. Danach muß jeder Exportvorgang dem Vorstand gemeldet und nicht nur de jure, sondern auch aufgrund moralischer oder ökonomischer Gesetze bewertet werden. Auf einer schwarzen Liste stehen Länder wie Syrien, die überhaupt nicht beliefert werden. Ursache für die Heuchelei im Waffengeschäft sind laut Reuter die Politiker, die nicht

47

zu ihrer eigenen Verantwortung stünden und sich »in die
Büsche schlagen, sobald ein derartiges Thema in die Schlagzeilen gerät«. Was ein politisch Verantwortlicher zu hochsensi-
blen Exporten, die er nicht genau kennt, sagen soll, ist indes
fraglich.

DIE RÜSTUNGSFALLE – LAST
DER DIVERSIFIKATION

Es trifft Edzard Reuter persönlich, wenn sein Unternehmen als Rüstungskonzern und Waffenschieber tituliert wird und zudem Zweifel über den geschäftlichen Erfolg auftauchen. So scheinbar locker, wie Reuter über Widerstände hinwegargumentiert, so sehr wühlen ihn die Vorwürfe innerlich auf. Sitzt er in der strategischen Falle einer heiklen Mammut-Investition, die sich nie amortisieren kann?

Kein Druckmittel war ihm zu schade, um Ende 1988 und Anfang 1989 die Einverleibung von MBB gegen den Widerstand des Bundeskartellamts und diverser Wettbewerbspolitiker durchzusetzen. So drohte Reuter mal mit dem Platzen des ganzen Projekts, zu dem die Sanierung der defizitären MBB-Tochtergesellschaft Deutsche Airbus gehört, mal führte er europäische oder amerikanische Wettbewerber an, mit denen man im Falle eines Scheiterns kooperieren werde, dann wieder verkündete der Pokerer, das Kartellamt könne die Fusion nicht verhindern, sondern allenfalls um drei bis vier Monate verzögern.

Es blieb dem gerade eingewechselten Wirtschaftsminister Helmut Haussmann, einem Landsmann aus Schwaben, vorbehalten, den Weg zu ebnen. Er gab schließlich die Ministererlaubnis für den spektakulären Deal. Erfolgreich hatte Reuter Ansinnen abgewehrt, mit MBB-Gewinnen die Airbus-Verluste festzuschreiben, auch weitgehende Standort-Fixierungen waren vom Tisch. Ob er denn glaube, daß Daimler besser als jeder andere die Neuordnung der Luft- und Raumfahrt in Gang bringen könne, fragte das *FAZ-Magazin*. Die Antwort Reuters verdeutlicht nur zu gut den notdürftig maskierten Machtanspruch: »Natürlich gäbe es andere privatwirtschaftliche Partner, die es genausogut könnten wie wir – aber wir können es gut.«

Die Deutsche Aerospace ist der ganze Stolz des Konzernarchitekten Reuter. Die vereinigte Luftflotte aus Dornier, MTU, Telefunken Systemtechnik und MBB soll, unter Führung von Vorstandschef Jürgen Schrempp, dem einstigen Autokonzern die goldene Zukunft sichern, hohe Wachstumsraten bescheren und Erfindungen liefern. Stolz kalkulierte Reuter einmal in einer sehr grob vereinfachten Investitionsrechnung, mit einem Einsatz von nur fünf Milliarden Mark einen Umsatz von über zwanzig Milliarden gekauft zu haben.

Der ehrgeizige Ausflug aber kann für Daimler zum Fiasko werden. Die Ertragsaussichten stehen im umgekehrten Verhältnis zur Intensität, mit der Reuter das Unternehmen Dasa schönredet. Gute Marktchancen gibt es zwar bei der Raumstation Columbus und dem Raumgleiter Hermes – doch diese Projekte sind hochgradig gefährdet, weil sich die von Milliarden-Schulden geplagte öffentliche Hand aus der Förderung zurückzieht oder Entwicklungsprojekte über Gebühr streckt. Schon bietet Reuters MBB der Bundesregierung an, mit Krediten bei kurzfristigen Unpäßlichkeiten auszuhelfen!

»Fest steht«, wußte das *manager magazin* bereits Anfang 1989, »daß das Abenteuer Aerospace auf absehbare Zeit zu einer enormen Belastung für den Stuttgarter Konzern wird«. Die Wirtschaftsgazette nannte die Absorption von Managementkapazitäten und dürftige Umsatzrenditen als Grund. In der Tat ist die Dasa, Reuters Wunderwaffe, noch in den roten Zahlen und muß sehr schnell die knifflige Aufgabe der Substitution des Rüstungsgeschäfts lösen. Die angestrebte Umstellung von militärischer Produktion, die immerhin noch 45 Prozent des Dasa-Geschäfts ausmacht, auf neue zivile Angebote ist mühselig. Nach 1995 soll die Verteidigungstechnik einen Umsatzanteil von lediglich 25 bis 30 Prozent haben. »Sie wird aber«, sagt Dasa-Chef Schrempp auch, »immer integraler Bestandteil unseres Luft- und Raumfahrtkonzerns sein. Und wir stehen, im Rahmen unserer Prämissen, voll dazu.« Rund 1000 Arbeitsplätze wurden bereits gestrichen, weitere folgen. Ein Werk im saarländischen Eiweiler mußte schließen.

Schmutz auf der weißen Weste?
Negative Schlagzeilen über den Konzern häufen sich:
Beschäftigte des Daimler-Ablegers Olympia demonstrieren am
8. Juli 1991 vor der Zentrale gegen drohende Entlassungen. (dpa)

Vor allem beim Problemfaktor Nummer Eins, MBB, stehen
Entlassungen an. Das ehemals staatliche Traditionsunterneh-
men, zu 17,8 Prozent noch im Besitz des Freistaats Bayern,
mußte zwei Werke in Speyer und Laupheim an die Tochter-
firma Deutsche Airbus GmbH abtreten. In Donauwörth fielen
420 Stellen weg, weil Daimler die Produktion von Eisenbahnwaggons für den neuen Hochgeschwindigkeitszug ICE zur
AEG verschob.

Als Ausgleich ist zwar die Betreuung von Hubschraubern
vorgesehen – doch die sollen nach Reuters und Schrempps

Vorstellungen von Paris aus gelenkt werden. Dort sitzt die Zentrale von Eurocopter, ein Joint-venture der Dasa mit dem französischen Staatskonzern Aerospatiale. Angesichts dieser Verschiebungen befürchtet der MBB-Betriebsrat eine schrittweise Aushöhlung und Abwicklung der Firma – zumal die Mikroelektronik-Aktivitäten von MBB und Dornier in einem neuen Gemeinschaftsunternehmen mit AEG gebündelt werden sollen. Sogar einen späteren Verkauf oder die Liquidation von MBB halten die Arbeitnehmervertreter für möglich. Damit Bänder, Anlagen und Maschinen so richtig ins Laufen geraten, müßte MBB zuzüglich zu einem von Dasa-Commander Schrempp geplanten europäischen Regionalflugzeug (achtzig bis 130 Sitze) vor allem das bereits entwickelte, politisch aber zum Abschuß freigegebene Kampfflugzeug Jäger 90 (Auftragswert: über vierzig Milliarden) sowie den Panzerabwehrhubschrauber PAH bauen dürfen. Auch Folgeaufträge für den Tornado, dessen Produktion Ende 1992 ausläuft, sind überfällig. All diese notwendigen Weichenstellungen aber verfestigen den Ruf, es handele sich bei Daimler eben doch um eine Rüstungsschmiede. Es hilft wenig, daß Reuter mit dem Euphemismus »Verteidigungstechnik« das so häßliche Wort Rüstung ersetzt und ständig betont, sein Unternehmen produziere in der Mehrzahl keine klassischen Rüstungsgüter wie Kanonen oder Panzer, sondern intelligente Abwehr- und Aufklärungssysteme.

Hält man sich das langsame Siechtum von MBB vor Augen, kann die Verve, mit der Reuter einst um das Rüstungsunternehmen kämpfte, nur verwundern. Was sollte nicht alles durch die Mega-Fusion gesichert werden! Von einer Schlüsseltechnologie zum Beispiel und internationaler Systemführerschaft war die Rede gewesen. Der Effekt der Elefantenhochzeit von 1989 – wettbewerbspolitisch der größte Sündenfall der bundesrepublikanischen Geschichte – war die Monopolisierung der Lieferungen von Militärware an eine Bundesregierung, die inzwischen weder das Geld noch besonders große Lust hat, Bestellungen aufzugeben. Wenn allseits gespart wird, kann das

Verteidigungsministerium in Abrüstungszeiten keine Ausnahme machen, sondern muß vielmehr den Vorreiter spielen.

Was gut ist für Daimler, ist auch gut für Deutschland, mag sich Edzard Reuter auf seiner Firmeneinkaufs-Tour gedacht haben. Mit Blick auf die sterbende Rüstungsindustrie läßt sich die These leicht umformulieren: Was gut ist für Deutschland, muß nicht gut für Daimler sein. Auch die Fünf-Prozent-Beteiligung von Daimler am französischen Rüstungsriesen Matra war strategisch kein Glücksfall.

Ein weiterer Quell permanenten Ärgers ist für Reuter die Dornier GmbH in Friedrichshafen. Dort hatte er sich 1985 persönlich in die schleppenden Verhandlungen mit Claudius Dornier um den Erwerb der Mehrheit des Familienunternehmens eingemischt. 440 Millionen Mark kostete Reuter seinerzeit der erste Einstieg bei Dornier, der der Familie mit einer Sperrminorität und einer Mindestdividende versüßt wurde.

Als 1988 eine Kapitalerhöhung für das neue Flugzeug Do328 nötig wurde, versagte der Clan dem Daimler-Benz-Chef die Gefolgschaft und drückte den ›Kelch-Vertrag‹ (benannt nach dem Notar) durch. Dieser sicherte zwar Daimler und damit Reuter endlich die angestrebte industrielle Führung zu, weitgehende Rechte behielten jedoch die Erbengemeinschaft von Claudius Dornier (Christian, Camilo, Sandra, Conrado) und Silvius Dornier: Obwohl sie zwar jeweils nur 21 Prozent des Kapitals und 6,25 Prozent der Stimmrechte besitzen, sind Verkäufe und Ausgliederungen von Firmenanteilen nur mit ihrem Einverständnis möglich.

Daimler hatte in dem Vertrag zugesichert, die gewachsenen Strukturen und die spezifischen Anwendungsgebiete der Dornier-Gruppe zu respektieren. Weiter heißt es in dem für Daimler so verhängnisvollen und kostspieligen Papier, daß das Daimler-Regiment nicht dazu führen dürfe, »daß die Dornier GmbH aufhört, als selbständige Rechtsperson zu existieren, oder daß sie ausgehöhlt wird«. Für die Dorniers, denen der *Spiegel* bescheinigt, in Reuter eine wahre ›Bonanza‹ aufgetan zu haben, ist die ›Aushöhlung‹ mit der geplanten Verlagerung des Dornier-Werks in München-Neuaubing in den Zuständigkeitsbereich der Deutschen Airbus GmbH Wirklichkeit geworden. Sie legten Veto ein und drohten mit Klage, Dasa rief ein Schiedsverfahren ein.

Der von Reuter ersehnte Beherrschungsvertrag rückte in weite Ferne. Immerhin zeigte er der früheren Testamentsvollstreckerin der ›schwierigen‹ Dynastie, der attraktiven Juristin Martine Dornier-Tiefenthaler, in einem undurchsichtigen Schmierenstück, daß er auch andere Saiten aufziehen kann. Monatelang stellte der von der Dornier-Familie düpierte Chefmanager ihr und ihrem Mann Conrado, die unabhängig von der Dornier GmbH in der Oberpfaffenhofener Dornier Composite Aircraft (DCA) ein Wasserflugzeug namens ›Seastar‹ serienreif entwickelt hatten, eine Kapitalbeteiligung in Aussicht. Die wäre dringend notwendig gewesen, um Fördergelder vom Staat zu kassieren. Im letzten Augenblick aber sprach Reuter wieder einmal nur von Hilfe bei Personal und Organisation – DCA ging in Konkurs. Vorher hatte Reuter hinterrücks, ohne Wissen von Conrado Dornier und seiner Frau, bei der Dornier-Hausbank Reuschel in München für einen 23-Millionen-Mark-Kredit gebürgt. So kam Dasa schließlich in den Besitz der Maschinen und – noch wichtiger – in den Besitz der Konstruktionspläne; die Planung eines möglichen Weiterbaus in Dresden lief sofort an.

Die Ranküne um das Wasserflugzeug macht die Reuter-Kritiker freilich nicht mundtot. Sie fragen sich entsetzt, wie Reuter und seine hochdotierte Entourage so dilettantisch verhandeln konnten, daß nach zwei Zahlungen für den Dornier-Clan auch noch eine dritte Überweisung notwendig wird. An Warnungen aus der juristischen Abteilung jedenfalls hatte es nicht gefehlt. In ihrem missionarischen Eifer, die Raum- und Luftfahrtbranche in Überschallgeschwindigkeit zu ordnen, erschienen den Verantwortlichen solche Unkenrufe offenbar als lästige Nebengeräusche. Zyniker fügen an, daß Reuters Duz-Freundschaft mit Martine Dornier-Tiefenthaler, deren zwischenzeitliches Einlenken auf die Daimler-Linie mit einem Auf-

Trotz wirtschaftlicher Schwierigkeiten...
...gibt sich Edzard Reuter gelöst – zumindest am 14. Mai 1991
neben Matthias Kleinert, dem Direktor für Öffentlichkeitsarbeit
und Wirtschaftspolitik. (Süddeutscher Verlag)

sichtsratsposten bei Mercedes und einem kleinen Anteil an
MBB belohnt wurde, offensichtlich zur Lösung des Dilemmas
wenig beigetragen hat.

Noch redet man eher über Pannen als über Erfolge der
Dasa. Vom eigentlichen Geschäftszweck, Synergien bei Ent-
wicklungsprojekten auf den Sektoren Kraftfahrzeugelektronik,
Verkehrsleitsysteme und Fabrikautomatisierung zu erzeugen,
ist wenig zu sehen. »Wenn Sie ein Glas Milch haben wollen –
warum sollen Sie dann gleich die Kühe kaufen?«, wundert sich
ein Manager über die Strategie. Oft spricht das Daimler-
Management davon, daß der einnahmeträchtige Umweltmarkt
künftig Schwerpunkt wird, um die Schrumpfung im Militärge-

schäft auszugleichen. »Deshalb kann jeder, der auch nur einigermaßen Grips im Kopf hat, nur hoffen, daß der Abrüstungsprozeß schnell vonstatten geht und Umschichtungen möglich macht«, postuliert Reuter. Aber wo sind die konkreten Projekte? Wo kommt der Umsatz her? Rückschauend glauben viele Experten vielmehr, daß Reuter bei seiner regierungsamtlich geförderten Luftfahrt-Konzentrationspolitik einem Zugzwang unterworfen war. Nach dem Kauf des im internationalen Maßstab viel zu kleinen Unternehmens Dornier mußte er auch den nächsten Schritt – Zukauf von MBB – gehen, um sich so schnell einen Konkurrenten vom Hals zu schaffen und an Gewicht zu gewinnen.

Insgesamt sieht es so aus, als habe Reuter die Probleme der Dasa-Mercedes-Verschmelzung gründlich unterschätzt. Auf einmal sollten Konkurrenten, die früher am Markt um öffentliche Aufträge keilten, zusammenarbeiten – die Rivalität ist geblieben. Zwischen Mercedes und Aerospace bestehen die Kulturunterschiede fort: Während in der Raumfahrttechnologie Forscher tätig sind, die technische Grenzen verschieben wollen und erst einmal nicht an praktische Realisierbarkeit denken, sind Auto-Entwickler viel näher am Markt und an den Kosten. Wie schlecht die Sparten zusammenpassen, zeigt das Beispiel USA. Dort stießen Ford und Chrysler entnervt ihre Luft- und Raumfahrtabteilungen wieder ab. Und der Rüstungsriese Hughes Aircraft ist ins Wanken geraten, nachdem er 1985 zu General Motors kam. Er ist heute rund eine Milliarde weniger wert als zum Zeitpunkt des Eigentümerwechsels.

Ein Glanzstück für Reuter ist leider auch die AEG nicht. Selbst nachdem Daimler 1985 den Elektro- und Elektronikkonzern übernommen hatte – der Deal wurde seinerzeit als nationale Rettungstat gefeiert –, sind die Probleme offensichtlich geblieben. Ex-Vorstandschef Heinz Dürr sparte zwar nicht mit optimistischen Ankündigungen, schaffte aber den Turnaround nicht und wurde schließlich auf das Abstellgleis Deutsche Bundesbahn, wo er das Präsidenten-Amt bekleidet, geschoben. Knapp 200 Millionen Verlust standen bei AEG 1990 zu Buche, 1991 wird es wohl eine halbe Milliarde sein. »Jetzt wird«, weiß Reuter, »mit massivem Nachdruck daran gearbeitet, die angestrebte Positionierung in den strategisch aussichtsreichen Geschäftsfeldern nicht nur zu definieren, sondern entschlossen in die Tat umzusetzen.« Mikroelektronik, Fabrikautomatisierung und Verkehrstechnik gelten als Wachstumsfelder, die Dürr-Nachfolger Ernst G. Stöckl, vormals Chef von Daimlers amerikanischer Trucker-Tochterfirma, pflügen muß.

Die Büro- und Kommunikationstochter Olympia in Wilhelmshaven dagegen steht zum Verkauf – ein Eingeständnis eigenen Versagens in einem zugebenermaßen schwierigen Markt. Im April 1988 noch hatte Reuter vollmundig bekundet: »Wir wußten immer, daß bei Olympia eine Menge geschehen muß. Entweder wir mußten das Unternehmen verkaufen, oder wir mußten neu investieren und nach vorne marschieren. Wir haben uns inzwischen ganz eindeutig dazu bekannt, daß wir nach vorne marschieren.« Es war ein kurzer Marsch, ein Engagement ohne Fortune, bei der sich Grenzen des Daimler-Managements zeigten.

Auch die AEG Hausgeräte AG in Nürnberg bieten Reuter und Stöckl zum Verkauf an. Sie ist durch Mißmanagement in der Produktionsplanung operativ in die roten Zahlen gerutscht. Warum Kühlschränke, Kaffeeautomaten und Küchenherde zu einem High-Tech-Konzern gehören, war ohnehin nie vermittelbar gewesen. Vor allem aber ist die Weiße-Ware-Tochter im internationalen Wettbewerb viel zu klein.

Ein Gutes hat die AEG-Malaise: Die Muttergesellschaft Daimler kann die roten Zahlen der Tochter beim Gesamtergebnis steuerlich nutzen und muß so dem Fiskus weniger zahlen.

Wenn AEG künftig mal wieder in die Pluszone kommen sollte, wird Reuter den 1989 geschlossenen Beherrschungs- und Ergebnisabführungsvertrag wieder auflösen, so daß die AEG ihren eigenen riesigen Verlustvortrag – schätzungsweise über eine Milliarde Mark – nutzen kann.

DER COUP – DAIMLER,
DER ›SUPER-SOFTIE‹

Automobile, Raketen, Flugzeuge, Raumschiffe, Triebwerke, Eisenbahnwaggons, Fabrikautomaten – Edzard Reuter hat fürs Auge ein imposantes technisches Sammelsurium beieinander. Damit nicht genug: Es steigt im Wert, wenn es über Computerprogramme, System-Management und Ressourcentausch sinnvoll vernetzt wird. Zu diesem Zweck hat Reuter im Herbst 1989 neben Mercedes, AEG und Dasa einen vierten Unternehmensbereich gegründet: die Finanz- und Dienstleistungsholding Daimler Benz Interservices (Debis). Hier sind die Rechenzentren und Serviceabteilungen des Unternehmens vereint.

Der 1990 rund vier Milliarden Mark erwirtschaftende Konzern im Konzern bietet auch fremden Firmen Versicherungen sowie Finanzierung und Leasing für Anlagen oder Autos an, er betreut ein Handelsgeschäft für Kompensationsgeschäfte (Ware gegen Ware), hat einen EDV- und Softwarezweig und tritt als Marketingagentur in Erscheinung. Kurzum, Debis ist so etwas wie das Gehirn und Schaltzentrum des Riesen Daimler-Benz. Mit 35 Prozent ist die eingeplante Wachstumsrate besonders hoch; die stärksten Impulse sollen aus dem Verkauf von Software-Programmen kommen.

Daß in diesem zukunftsträchtigen Markt ohne starke internationale Unterstützung nichts läuft, hat Reuter recht spät erkannt. Während er mit den politischen Scharmützeln rund um MBB, den Familienstreitigkeiten bei Dornier, der Unbill im Rüstungsgeschäft und dem Dauergewitter über AEG beschäftigt war, vergaß der Daimler-Lenker die wichtige Ausrichtung auf die wirklichen Zukunftsgeschäfte. General Motors etwa hatte sich seine EDV-Tochter Electronic Data Systems (EDS) bereits 1984 zugelegt. Reuter begann dagegen erst 1990 hektisch mit dem Zukauf einer Logistik-Firma sowie eines EDV-Spezialisten für Wirtschaftsprüfer- und Steuerberaterprogramme. Schließlich erkor er sich Serge Kampf, einen in Frankreich sehr bekannten und beliebten Unternehmer, zum Partner für das EDV-Geschäft von Debis aus. Daimler stieg mit 34 Prozent bei Kampfs Software-Schmiede Cap Gemini Sogeti ein, die mit 20 000 Mitarbeitern rund drei Milliarden Mark umsetzt und in Europa die Nummer Eins ist. Das Wirtschaftsmagazin *Capital* diagnostiziert: »Reuter greift an.« Die weltweit führende EDV-Tochter EDS bekommt so zumindest in Europa erstmals starke Konkurrenz. EDS steuert satte 750 Millionen Mark Gewinn zum Ergebnis des General-Motors-Konzerns bei, der im Autogeschäft rund drei Milliarden Mark Verlust macht.

Eine Milliarde Mark zahlte Reuter für das Entree bei Cap Gemini, mit einer weiteren vollen Milliarde kann er sich bis 1995 die Mehrheit sichern. Das hängt freilich davon ab, ob Kampf nicht doch einen Rückzieher macht. Stimmt er mit der Unternehmenspolitik nämlich nicht überein, können die Deutschen auf eine Rolle als Minderheitsgesellschafter beschränkt werden – damit wäre Reuter kaum gedient. Der Mann aus Möhringen weiß um die Sensibilität eines solchen Take-overs und versicherte in Paris, man komme nicht als Eroberer, sondern suche eine Partnerschaft – man würde »in mancher Hinsicht Lernender sein«.

Wenn das nicht ins Auge geht. Cap Gemini ist in den USA beispielsweise noch so gut wie gar nicht präsent; und in Europa ist Kampfs Firma vor allem durch unkontrollierte Akquisitionspolitik – man nahm, was sich bot – gewachsen. Da kommt auf Reuter eine weitere Strukturierungsaufgabe zu, die sehr leicht zu Differenzen mit dem Noch-Mehrheitsgesellschafter Kampf führen könnte. Die Familie Dornier läßt grüßen...

Wie bei Dasa muß sich die Zusammenarbeit in dem Debis-Konglomerat – auch gegen viele Widerstände innerhalb des Daimler-Benz-Konzerns – erst noch langsam entwickeln. Generell gilt das Service-Unternehmen als verhältnismäßig teuer und langsam; dennoch, oder vielleicht gerade deswegen, müssen Daimler-Firmen bei der Auftragsvergabe Angebote zunächst von der Schwesterfirma einholen. Kein Wunder, daß achtzig Prozent des Debis-Umsatzes bislang aus dem eigenen Haus stammen; die angepeilte externe Kundschaft hat sich noch nicht wie erhofft eingestellt. Hinzu kommt, daß viele Unternehmen außerhalb der Daimler-Welt fürchten, der Technik-Gigant werde über Debis zu sehr mit Interna der unternehmerischen Außenwelt vertraut.

DIE ZUKUNFT – WAS AUCH PASSIERT, EIN STERN DREHT SICH

In schwachen Momenten offenbart Reuter, daß ihn die Verantwortung für den Wirtschaftsgiganten manchmal nachts im Schlaf oder morgens beim Rasieren drückt. Seine Standardformel vom »integrierten Technologie-Konzern«, der über gebündeltes Know-how bei Verkehrs-, Energie- und Umwelttechnik verfügt und zum anderen durch Diversifikation in der Luft- und Raumfahrt das erforderliche Systemwissen besitzt, klingt gut, hat aber nur einen Nachteil: Es mangelt an praktischen Resultaten.

Zwangsläufig gibt es innerhalb des Unternehmens Daimler-Benz heftige Diskurse über den richtigen Weg. Die Auto-Lobby murrt, daß zuviel Geld für riskante Luft- und Raumfahrtexperimente rausgeworfen werde; die Dasa-Manager befürchten, daß auf Dauer das rechte Verständnis im Mercedes-Management fehlt. AEG wähnt sich im Niemandsland. »Organisatorische Maßnahmen im Zuge des Umbaus der Konzernstrukturen sowie stramme Kostensenkungsprogramme sind nicht gerade die besten Triebfedern für Arbeitsfreude und Motivation, wie die Stimmungslage gerade im Mittelmanagement zeigt«, kommentiert die Tageszeitung *Welt* die aktuellen ›Familienprobleme‹ bei Daimler. Rückblickend zur ersten Phase des Space-Abenteuers gesteht Edzard Reuter ein: »Manchmal habe ich selbst ein wenig gezittert, ob wir diesen Tanz zwischen den Knüppeln ohne Blessuren überstehen und ohne übermäßigen Zeitverlust bewältigen können.« In solch grüblerischen Augenblicken kann sich der Konzernherr mit einem Blick auf einen Cartoon, der seinen Schreibtisch ziert, neu anstacheln. Die Zeichnung zeigt einen Dinosaurier und darunter sind die Worte zu lesen: »Die Geschichte ist voll mit Giganten, die sich nicht anpassen konnten.« Soweit soll es mit Daimler nicht kommen.

Es bleibt jedoch auch künftig eine Reise mit Hindernissen. Die machtvolle Holding mit 4200 Mitarbeitern beispielsweise ist potentiell immer im Clinch mit den vier Unternehmensbereichen Mercedes, AEG, Dasa und Debis, die sich leicht beaufsichtigt und bevormundet vorkommen können. Deren Chefs wiederum sitzen gleichzeitig im Gesamtkonzernvorstand und dürfen dort ihre Interessenskonflikte mit sich selbst ausmachen. Statt das Modell der klassischen Holding zu wählen, in der sich die Zentralvorstände auf Resssourcen-Management beschränken und den Tochtergesellschaften freien Lauf lassen, will Reuter hohe operative Einflußnahme – das sichert die Macht, birgt aber die Gefahr der Überforderung in sich. Die Struktur des Unternehmens hält der Spitzenmann jetzt für »soweit in Ordnung« und verspricht: »Natürlich werden wir auf einigen Gebieten noch akquirieren. Wir werden aber auch desinvestieren.«

Gewaltige Investitionen und Anstrengungen sind erst einmal in den neuen ostdeutschen Bundesländern nötig. Dort will Daimler-Benz bis 1995 rund 20 000 Menschen beschäftigen (Ende des Jahres 1991 werden es bereits 4500 sein). So zieht Mercedes-Benz ein neues Montagewerk für Transporter sowie leichte und mittelschwere Lastkraftwagen in Ahrensdorf hoch; im nahegelegenen Ludwigsfelde läßt der Konzern im alten Ifa-Werk leichte und mittelschwere Nutzfahrzeuge montieren. Ferner übernahm die AEG die Starkstromanlagen Dresden GmbH mit rund 1100 Mitarbeitern, die Dasa-Triebwerk-Tochter MTU griff bei der Luftfahrttechnik Ludwigsfelde GmbH zu.

Die Projekte in der ehemaligen DDR verschlechtern kurzfristig die Gewinne, die ohnehin weiter unter erheblichem Druck stehen. Nach wie vor rangiert Daimler-Benz zwar mit 1,8 Milliarden Mark Jahresüberschuß auf Rang zwei hinter dem Chemieriesen Bayer (1,9 Milliarden), doch werfen Belastungsfaktoren wie notwendige Umweltschutzausgaben, der von japanischen Konzernen angeheizte Wettbewerb auf dem Automarkt sowie der riskante Einstieg ins Luft- und Raum-

Tradition verpflichtet!
Trotz Expansion ist die Automobilproduktion immer noch
die Nummer Eins.

fahrtgeschäft lange Schatten. Finanzchef Liener räumt ein, daß Daimler-Benz 1990 weniger Reserven gebunkert habe; im Jahr zuvor war das Ergebnis nur deshalb auf 6,8 Milliarden hochgeschnellt, weil die vom früheren Finanzchef Reuter einst sorgsam gepflegte super-konservative Bilanzierungspolitik, die viele stille Reserven angelegt hat, aufgegeben wurde. Pensionsrückstellungen und Abschreibungen wurden plötzlich so bewertet, wie es in anderen deutschen Unternehmen üblich ist.

Spätestens 1992 will der ehrgeizige Reuter die Talfahrt bei den Gewinnen gestoppt haben – Kosteneinsparungen müssen deshalb her. Der Verantwortliche auf der Kommandobrücke denkt bis 1995 an eine jährliche Ausgabenkürzung um vier Milliarden Mark. Bereits seit 1983 sind die auf Cost-Killing dressierten Berater von McKinsey im Haus und loten auch das kleinste Sparpotential aus. So werden dank ihrer segensreichen Erbsenzählerei die Brezeln bei innerbetrieblichen Bildungsseminaren nicht mehr mit Butter bestrichen; die hauseigene Fahrradreparatur wurde als eigenständige Abteilung aufgelöst und der Werksfeuerwehr zugeschlagen. Insgesamt sanierte McKinsey allein bis 1988 rund 3000 Stellen weg. Auch an Produktionsverlagerungen, etwa in den Dollar-Raum nach Mexiko, kommt Daimler-Boß Reuter künftig nicht vorbei. Langfristig werde die Belegschaft nicht in Deutschland, sondern im Ausland größer, kündigt er an.

Äußerlich ist das Selbstbewußtsein Edzard Reuters ungebrochen, scheint ihm der unternehmenspolitische Kraftakt nichts auszumachen. Es ist das für die interessierte Öffentlichkeit bestimmte Bild des kontrollierten, ethisch bewußt handelnden, immer dynamischen Wirtschaftsführers, dem nichts mißlingt, der genau weiß, wo es langgeht. »Der Stern auf dem Konzernhochhaus dreht sich heute wie gestern und wird sich auch morgen drehen« – mit solchen Sätzen spielt Reuter den enormen Druck, der auf ihm lastet, herunter. Gleichzeitig zieht sich der ›Herr vom anderen Stern‹ aus der Schußlinie der direkten Verantwortung. Den endgültigen Beweis, daß er mit seiner Diversifikationsstrategie recht hat, sähe man erst sehr viel später: Die Rechnung gehe im nächsten Jahrtausend auf. Auf Zweifler, die es konzernintern wagen, auf das enorme Gefahrenpotential der Reuterschen Politik hinzuweisen, reagiert der Mega-Konzernbauer indes zunehmend gereizt. Da präsentiert er sich auffallend dünnhäutig und überaus sensibel. »Wir sprechen von Substitution, nicht von Rüstungskonversion«, pflegt er zu dozieren, wenn wieder mal Kritik an der zu starken Verwicklung ins Rüstungsgeschäft laut wird. »Hirnverbrannt«, so qualifiziert Reuter barsch Argumente und Theorien ab, die nicht in sein Weltbild vom gewandelten, beweglichen Daimler-Konzern passen.

Als ›Schurke im Stück‹ – auch eine seiner Lieblingsredewendungen – hat Edzard Reuter seine Rolle beim MBB-Deal einmal selbst beschrieben und damit sicherlich übertrieben; daß daraus aber einmal die Rolle des strahlenden Helden wird, ist andererseits ebenso wenig realistisch. Dem mächtigsten deutschen Industriekapitän fehlt in der Endphase seiner Umbauaktion ein kongenialer Schutzpatron und Förderer wie Alfred Herrhausen.

Hilmar Kopper, der nun beim Daimler-Großgesellschafter Deutsche Bank an der Spitze steht, hat mit Herrhausens globalen Visionen nichts im Sinn. Der Geld-Manager verläßt sich auf Zahlen, nicht auf Annahmen. Trotzdem dürfte er zustimmen, wenn die Frage ansteht, ob Edzard Reuter nach 1993 in die Verlängerung geht und sich dabei an Volkswagen orientieren, wo Carl H. Hahn über die Pensionsgrenze von 65 Jahren hinaus für das Top-Management gebraucht wird. Reuter selbst erinnert in der Nachfolgefrage an die persönliche Verantwortung: »Wir haben hier«, erzählte er dem *manager magazin* im Frühjahr 1990, »in der Tat etwas eingeleitet, was erst einmal so sein muß, daß man es in die Hände von Nachfolgern geben kann. Und wann das der Fall ist, entscheide nicht ich.«

Niemand bei Daimler-Benz oder bei der Deutschen Bank kann das geringste Interesse haben, zu früh eine Erbschaftsdebatte loszutreten. Heftige Spekulationen und Gerüchtekampagnen in den Medien über die Ära nach Reuter sind das letzte, was der Industrie-Gigant momentan brauchen kann. Für den Fall des Falles stehen als Kronprinzen hinter den Kulissen vor allem drei Manager bereit: Zum einen Dasa-Chefpilot Schrempp, den ein kämpferisches Naturell und ein großer Sinn für Praktikabilität auszeichnet. Der ehemalige Kraftfahrzeug-Handwerker ist durchsetzungsfähig und im Umgang mit der Öffentlichkeit sehr geschickt. Auf die Zeit nach Reuter angesprochen, erklärt er sybillinisch: »Wenn man sich für seinen Arbeitsbereich voll engagiert, und das tue ich, denkt man nicht über die Karriere nach. Es gibt außerdem im Konzern viele gute Leute, die Führungspositionen dann einnehmen können, wenn solche Entscheidungen anstehen.«

Damit meint er sicherlich auch Helmut Werner, den Deutschbankier Herrhausen vom Reifenhersteller Continental losgeeist und schon 1987 als Vorstandschef in spe aufgebaut hat. Der ausgewiesene Sanierer trieb das Mercedes-Ergebnis im schwierigen Nutzfahrzeuge-Geschäft hoch, prallte dabei aber mit den Betriebsräten der IG Metall zusammen, deren Rückendeckung im Aufsichtsrat er nicht hat.

Schrempp dürfte bei der vagen Beschreibung der Kandidatenlandschaft schließlich auch an seinen Freund Ernst G. Stöckl gedacht haben, der zur Bewährung allerdings erst AEG auf Gewinnkurs trimmen muß.

Wenn es denn doch, jenseits der möglichen Vertragsverlängerung, einmal so weit sein sollte, will sich ein Rentner Reuter seinen sportlichen Hobbys widmen oder noch stärker als bisher in Organisationen und Stiftungen Kultur und Wissenschaft fördern. Sicherlich wird dann auch ein Buch entstehen, in dem Erfahrungen und Weisheiten des Daimler-Benz-Strategen gesammelt sind. Ein zu starkes öffentliches oder sogar politisches Engagement aber lehnt der Mann entschlossen ab: »Ich bin doch nicht Adenauer!«

Bereits zu Lebzeiten eine Legende
Vater Ernst Reuter, 1950 bis 1953 Regierender Bürgermeister
von Berlin. (Süddeutscher Verlag)

REUTER ÜBER...

...REUTER

»Ich muß das wirklich mal loswerden: Mir wird immer so angehängt, ich sei der große vorausdenkende Stratege, der alles genau weiß. Ich bin ein Unternehmer, der tief davon überzeugt ist, daß es eine bodenlose Arroganz und Unzulässigkeit wäre, alles für die nächste Zukunft bereits vorauszudenken und festzulegen. Ein Konzern wie Daimler-Benz muß doch die Möglichkeit haben, auch auf neue Entwicklungen richtig reagieren zu können.

Wenn Sie meine Frau oder mich fragen, dann können Sie natürlich sagen, ich hätte schon mit 62, nämlich jetzt, aufhören sollen – aber ich habe eine Verantwortung: Wir haben hier in der Tat etwas eingeleitet, was erst einmal so sein muß, daß man es in die Hände von Nachfolgern geben kann. Und wann das der Fall ist, entscheide nicht ich.«

(manager magazin vom Mai 1990)

...DEN PREIS DER MOBILITÄT

»Man übersieht allzu leicht, daß alle Versuche, externe Kosten des Verkehrs zu quantifizieren, letztlich vor unlösbaren Erfassungs- und Bewertungsproblemen stehen. So sind zum einen nicht alle externen Belastungen mengenmäßig erfaßbar, ihre langfristigen Auswirkungen gar nur mit großen Schätzunsicherheiten prognostizierbar. Zum anderen ist eine verursachergerechte Zuordnung von Schäden, die für die Ableitung von Maßnahmen auf politischer, aber auch industrieller Seite genauso wie in Richtung auf die Natur notwendig wäre, in vielen Fällen kaum möglich. (...)

Bei all dem will ich trotzdem keinen Zweifel lassen, daß auch eine noch so ungenaue Erfassung und, im zweiten Schritt, halbwegs verursachergerechte Internalisierung externer Kosten in jedem Fall einen Fortschritt bedeuten. Angesichts der verkehrlichen, aber noch mehr der ökologischen Probleme können wir uns die Untätigkeit dessen, der abwartet, bis es weitere, letzte Gewißheit bringende Forschungsergebnisse gibt, nämlich gewiß nicht mehr leisten. (...)

Der eigentliche Preis der Mobilität sind die Folgeaufwendungen, die unverzichtbar sind, um unser Verkehrssystem weiterentwickeln zu können. Wenn dabei beachtet würde, daß wir hierfür auf der Grundlage nüchterner Analyse in Fakten ohne Verzug Systemlösungen entwickeln müssen und zugleich erkennen, daß viele Themen nur noch international angegangen werden können, dann wäre jedenfalls ich schon fast zufrieden. Ganz zufrieden wäre ich freilich erst, wenn auch die kritischen Geister unserer Gesellschaft einmal ihren inneren Frieden damit schließen könnten, daß es schlichtweg eine Illusion ist, zu glauben, es könne Fortschritt – besser: es könne Zivilisation – geben, ohne dafür mitunter auch mit anderem als Geld bezahlen zu müssen.«

(Aus einem Vortrag vor der American Chamber of Commerce in Germany am 1. März 1991 in München)

... DIE SICHERHEIT DURCH EIN ÖKONOMISCHES ZUSAMMENWACHSEN

»Die Nachkriegsära globaler militärischer Sicherheitspolitik geht zu Ende. Auf der Suche nach einer neuen Ordnung taucht hier und da der Vorschlag auf, sie durch wirtschaftliche Partnerschaft zu ersetzen. (...)

Jene Macht der Gewohnheit, die neues Nachdenken blockiert, würde nichts anderes als eine Fortsetzung des KSZE-Prozesses empfehlen, also irgendeine Vertiefung der wissenschaftlich-technischen und wirtschaftlichen Zusammenarbeit zwischen Ost und West. Wer noch so denkt, muß der Idee einer die militärische Stabilitätspolitik ersetzenden wirtschaftlichen Partnerschaft sofort entgegenhalten, ein derartiger Weg sei nach der Aufweichung der Blöcke untauglich, um eine unverrückbare Balance der Mächte herbeizuführen. Im Zweifel werde nämlich kein Staat auf strategische Dominanz verzichten. (...)

Meine Behauptung lautet: Weltwirtschaftlich richtig organisierte Strukturen können auch heute politische Abhängigkeiten schaffen, denen eine völlig neue strategische Qualität zukommt. (...)

Es erlischt zwar nicht der arbeitsteilige Wettbewerb zwischen Unternehmen, Staaten und Kontinenten, doch die Beherrschung der ihm zugrunde liegenden modernsten Technologien erzwingt unausweichlich gemeinsame Arbeit. Ursächlich dafür sind die enormen und langfristigen Vorleistungen, deren Finanzierung nur noch global gewährleistet werden kann. Aber auch die erforderliche kritische Masse an Forschungs- und Entwicklungsexperten, ohne die man solche Technologien heute nicht mehr zur Anwendungsreife bringen kann, ist groß geworden. (...)

Wenn der Befund unvermeidlicher globaler Interdependenz zutrifft, kommen aber auf die Politik völlig neue Aufgaben zu. Dann muß sie aus Gründen machtpolitischer Stabilität Vernetzungen jeder Art fördern, Märkte öffnen, den freien Fluß von Informationen zulassen, jedem, der mitspielen will, die Tore öffnen – wohl wissend, daß dies zugleich die traditionelle Machtsouveränität der Staaten weiter auflösen wird. (...)

Die bösen Multis können zum Segen werden, wenn man es nur richtig anstellt.«

(Die Zeit vom 16. März 1990)

... DIE MACHT VON DAIMLER-BENZ

»Es ist eine dümmliche Behauptung, wir würden mit MBB und den anderen Firmen zu einem Riesenmoloch, zu einem Staat im Staate werden. Das ist eine Kirchturmsbetrachtung, vielleicht eine ganz besonders deutsche Betrachtungsweise. In Wirklichkeit werden wir in der Weltrangliste der größten Unternehmen allenfalls auf den zehnten oder zwölften Platz kommen. (...)

Wir müssen so schnell wie möglich sehen, daß sich die deutsche Industrie rechtzeitig auf den europäischen Binnenmarkt mit 320 Millionen Menschen vorbereitet. Überall in der westlichen Wirtschaftswelt finden zur Zeit große Zusammenschlüsse statt – weil die Unternehmer die Zeichen der Zeit richtig verstehen. Wir tun nichts anderes. (...)

Ich wäre ein Heuchler, würde ich leugnen, daß Daimler-Benz ein großes wirtschaftliches Gewicht in unserem Lande hat. Wir beschäftigen 400000 Menschen; mehrere Millionen arbeiten in der Zulieferungsindustrie. Wir sind ein großer Steuerzahler. Aber Macht im politischen Sinn ist eine Unterstellung, die ich noch nie verstanden habe. (...)

Ich kann doch nicht nach Bonn gehen und sagen, ich brauche jetzt den Auftrag für die Neuentwicklung eines Raketenabwehrsystems; und wenn ich den nicht bekomme, muß ich das Werk X oder Y zumachen, in dem Lkw's gebaut werden. Jeder, dem ich das sagen würde, würde mich auslachen.«

(Bild am Sonntag vom 27. November 1988)

... DIE SYNERGIEN

»Der Begriff Synergien ist vielfach falsch verstanden worden. Damit war nie gemeint, daß wir uns zusammensetzen und sagen: Ich kann dies, du kannst das, und jetzt können wir beide mehr zusammen als die Summe. Es ging uns bei den Synergien stets um Entwicklungsprojekte, beispielsweise auf dem Gebiet der Kraftfahrzeugelektronik oder bei Verkehrsleitsystemen.« *(Der Spiegel vom 18. April 1988)*

»Ich muß es immer wieder sagen, auch wenn es unbeliebt ist: Ein Automobil zu entwickeln dauerte bei uns zehn – hoffentlich bald nur noch acht – Jahre. Das, was die Synergien wirklich bringen, wird man erst in der nächsten Generation von Automobilen sehen. So zeichnen sich wichtige Synergieeffekte bei der Produktelektronik ab. Darüber hinaus helfen uns die Systemkenntnisse aus der Luft- und Raumfahrt bei der Entwicklung von Gesamtverkehrssystemen.

Und in der Automatisierungstechnik können wir als Automobilhersteller, der ja modernste Fabriken baut, einiges einbringen. Umgekehrt ziehen wir aus der Zusammenarbeit mit AEG in der Fabrikplanung auch große Vorteile für uns selbst. Nun heißt das natürlich nicht, daß wir in irgendeiner Weise sagen können, daß wir schon zufrieden mit der Umsetzung sind. Da gibt es eben noch viele Hausaufgaben zu machen.« *(manager magazin vom Mai 1990)*

... DIE WETTBEWERBSFÄHIGKEIT

»Unsere Zielsetzung ist: den technologischen Vorsprung, der uns als Automobilhersteller groß und stark gemacht hat, zu halten und auszubauen. Wir können international nur wettbewerbsfähig sein, wenn wir nach dem Spruch des alten Daimler – Das Beste oder nichts produzieren! – verfahren. Die Unternehmen, die bald unter dem Dach von Daimler-Benz sein werden, gehören alle technologisch zur Weltspitze. Das kommt dem Kernbereich der Unternehmen, dem Automobilbau, voll zugute. Niemand auf der Welt wird technologisch das bieten können, was die neuen Mercedes-Modelle bieten werden.« *(Bild am Sonntag vom 27. November 1988)*

... DIE ABRÜSTUNG UND ABSCHRECKUNG

»Ich wünsche sehr, daß in der Welt endlich weniger Waffen produziert werden; denn natürlich ist nichts wichtiger als die Friedenssicherung, die zugleich ungeahnte neue Möglichkeiten – beispielsweise in der Raumfahrt – eröffnet. Ich bin sofort bereit, den Waffenproduktionsanteil zugunsten ziviler technischer Produktionen zurückzunehmen.

Natürlich muß immer noch Vorsicht gelten; denn: Was wir jetzt alle im positiven Sinne in der UdSSR erleben, kann sich ja auch durchaus einmal ins Gegenteil kehren – mit anderen Worten: Wir müssen stets verteidigungsfähig sein – und das geht halt nicht ohne Waffen.« *(Bild am Sonntag, 27. 10. 1988)*

»Blood-Sharing im Gegensatz zu Money-Sharing? Ich kann mir nicht vorstellen, daß regionale Konflikte oder Krisen in Zukunft noch gelöst werden können, indem wir uns auf den Weltpolizisten USA verlassen. Ein Mindestmaß an Abschreckung wird vielmehr nur dann erreicht werden können, wenn kleinere nationale Verbände im Rahmen einer übergeordneten Bündnisorganisation schnell und effizient zusammengefaßt werden können. (...)

Wenn wir nicht riskieren wollen, daß eine solche Diskussion einseitig von blauäugigen Träumern besetzt wird, die sich darauf verlassen, daß wir doch im Zeitalter der Entspannung und Abrüstung leben und der liebe Gott damit jegliche Konflikte abgeschafft habe, dann bedarf das freilich einer offenen und offensiven Auseinandersetzung mit der Öffentlichkeit. Da es dabei nicht zuletzt um die Zukunft der NATO oder möglicherweise um die Weiterentwicklung der KSZE zu einem innereuropäischen Sicherheitsinstrument geht, handelt es sich auch insofern um eine der ganz vordringlichen Herausforderungen, die sich für das neue Verhältnis der Europäer zu den Amerikanern stellen.«

(Arthur Burns Memorial Lecture vor der »Atlantik-Brücke«, zit. nach Aufbau vom 18. Januar 1991)

»Es gibt Aufgabenstellungen der Strukturbereinigung in den Ostblockländern und konkret natürlich in der DDR. Es gibt aber noch ein weit größeres Problem – das ganze Thema der Umwelt, in die öffentliche Mittel investiert werden müssen. Deshalb kann jeder, der auch nur einigermaßen Grips im Kopf hat, nur hoffen, daß der Abrüstungsprozeß schnell vonstatten geht und Umschichtungen möglich macht.«

(manager magazin vom Mai 1990)

...DIE GEWERKSCHAFTEN UND DIE ARBEITSZEIT

»Die Gewerkschaften haben einen wesentlichen Anteil an der Stabilität und den sozialen Errungenschaften der Nachkriegs-jahre. Ich hoffe, daß sie jetzt Kraft genug finden, den Um-bruchprozeß in der Industrie konstruktiv zu begleiten. Ich meine damit in erster Linie die unabdingbaren neuen Arbeits-zeitordnungen. Die Flexibilität der Arbeitszeiten führt zu individuellen Entscheidungen des einzelnen Mitarbeiters, wie er seine Arbeitszeit gestalten möchte.«

(Bild am Sonntag vom 27. November 1988)

...DIE ASIATISCHE HERAUSFORDERUNG

»Früher war es so, daß man immer unterstellte, aus Asien kämen minderwertige Produkte – von billiger Frauenarbeit. Inzwischen hat sich das total geändert. In vielen Ländern in Südostasien – in Formosa, Korea und in Taiwan, deutlich erkennbar mittlerweile auch in Ländern wie Indien oder der Volksrepublik China – ist man in der Lage, mit höchster technologischer Ausrüstung der Fabriken erstklassige Quali-tätsarbeit zu leisten, mit dramatisch niedrigen Kosten. Und das bedeutet: Wir dürfen auf der Kostenseite nicht ins Bodenlose gehen – und wir dürfen nicht immer neue Ansprüche stellen.«

(Bild am Sonntag vom 27. November 1988)

Die Daimler-Mitsubishi-Connection
Edzard Reuter zusammen mit Yohei Mimura, Präsident und
Chairman der Mitsubishi Corp.   (keystone)

... DEN TECHNISCHEN FORTSCHRITT
UND DIE VERNUNFT

»Die politischen Vorgänger der heutigen Konservativen waren
einst gegen neue Techniken, weil sie ihre ökonomische und
gesellschaftliche Machtbasis untergruben, und manchem heutigen Sozialdemokraten fällt es unter dem Druck der Arbeits-
losigkeit schwer, Bebels Einsicht ohne Vorbehalt und Widerspruch zu bewahren, wonach Industrialisierung und Techni-
sierung die einzige Hoffnung der armen Leute seien. (...)

Es droht die Erkenntnis verlorenzugehen, daß unsere Erfindungen ganz zwangsläufig Folgen haben müssen, die wir nicht

vollständig voraussehen können. (...) Als schöpferische Leistung aus der Kombination von Naturgesetzen und Träumen hervorgegangen, ist jede Technologie ein System, in dem ständige Wechselwirkungen für Veränderungen sorgen. (...)

Wir dürfen nie vergessen, daß wir uns zu bemühen haben, die Folgen von Fehlentwicklungen gering zu halten. Das erfordert kleine Schritte statt großer Sprünge, um bei Bedarf korrigieren zu können. Vorsichtiges Vorangehen, gepaart mit geistiger Offenheit, der Wille, sich dem schwierigen Prozeß von Versuch, Irrtum und neuerlichem Versuch auszusetzen, das ist das einzige Verfahren, mit dem wir der Vernunft Geltung verschaffen können. (...)

Eines allerdings können wir wissen: Stillstand würde mit Sicherheit die immer bestehenden Widersprüche einer Zeit verschärfen, bis sie sich in Quantensprüngen entladen. Und diese bedeuten dann nach aller historischen Erfahrung unermeßliches Unheil, denn sie sind immer mit gewaltsamen Verschiebungen im sozialen Haushalt einer Gesellschaft verbunden. (...)

Wir lernen allmählich eine neue Art von Innovationen. Einstmals gingen sie auf den Einzelerfinder zurück, seit langem stützen sie sich auf die »Etablissementerfindungen« (Carl Duisberg) industrieller Forschungslabors, und nun sind wir anscheinend bestrebt, sie mit noch umfassenderem Anspruch zu betreiben: Wir versuchen, Erfindung, Entwicklung, unternehmerische Realisation sowie die Umstellung einzelner gesellschaftlicher oder staalicher Strukturen in einen zusammenhängenden Entscheidungsprozeß zu bringen. (...) Auch Diskussionen über technology assessment – die Beurteilung der Technologiefolgen – kreisen um den Anspruch, Anhaltspunkte für integrative Strategien des Fortschritts zu finden, die durch Simulation Unzulänglichkeiten entdecken helfen, bevor entschieden und gehandelt wird. (...)

In einer Welt, die von der Knappheit der Mittel gekennzeichnet bleibt, müssen Prioritäten gesetzt und damit Wertentscheidungen getroffen werden. Darum geht es immer auch um die Frage, nach welchen Leitbildern wir die gesellschaftliche Konstruktion von Technologie betreiben wollen. Wer den Fortschritt seiner moralischen Kategorie beraubt, ist zum Fortschritt unfähig. Wer glaubt, dies könne ohne Kontroverse abgehen und Kompromissen könne ausgewichen werden, der taugt nicht für humanen Fortschritt. Das sind Herausforderungen, die in harter Alltagspraxis, nicht in Sonntagsfeuilletons bestanden sein wollen.« *(Die Zeit vom 11. April 1986)*

... DEN TECHNISCHEN WANDEL UND DIE ARBEITSPLÄTZE

»Entscheidend für die unternehmerische Verantwortung gegenüber dem technischen Fortschritt und seinen Auswirkungen auf die Arbeitsplätze ist eine dreifache Bereitschaft:

- Die Beschäftigten müssen rechtzeitig, vollständig und glaubwürdig informiert werden. Wir alle müssen lernen, die Abstraktheit der neuen Techniken in eine verständliche Sprache zu übersetzen.
- Mit den Beschäftigten und ihren Interessenvertretern muß kooperativ nach bestmöglichem Interessenausgleich gesucht werden, durch aktives Aufeinanderzugehen, nicht durch Abwarten, bis die Probleme explodieren.
- Unabhängig davon muß immer wieder über Formen der Arbeitsorganisation, die dem Gebot möglichst humaner Arbeitsbedingungen am ehesten gerecht werden, nachgedacht werden.

Wer den Beschäftigten den technischen Fortschritt wie eine fremde Macht gegenübertreten läßt, gegen die es keine Gegenwehr gibt, macht jede neue Maschine und jedes neue Organisationsschema zum Ungeheuer und erzeugt oder verstärkt die Kräfte, die zur Lähmung einer ganzen Volkswirtschaft führen können.« *(Die Welt vom 28. November 1980)*

...DIE NEUEN WACHSTUMSFELDER

»Das ist ganz eindeutig die Luft- und Raumfahrt. Es ist zweitens die Mikroelektronik und drittens die Automatisierungstechnik. Und ich hoffe sehr, daß auch die Bahn- und Verkehrstechnik zu diesen Gebieten gehören können. Wir haben uns für alle Felder vorgenommen, unter die ersten Drei der Branche zu kommen.«

(manager magazin vom Mai 1990)

...DIE WIRTSCHAFTSPOLITIK

»Ich fürchte, daß unsere Probleme längst nicht mehr nur durch geheimnisvolle Signale oder laute Schlagworte gelöst werden können. Schon gar nicht reichen Gipfelkonferenzen vor Fernsehkameras aus. Entscheidend sind vielmehr die sachlichen und politischen Inhalte eines Konzepts, das das Crisis Management des Tages mit einer überzeugenden langfristigen Perspektive verbindet.

Das alles sind Aufgaben, die Zeit brauchen. Sie können nur gelöst werden, wenn es endlich gelingt, den katastrophalen Mangel an wirtschaftspolitischer Führungskompetenz in unseren Regierungen zu überwinden. Wir haben nämlich keine Wahl mehr zwischen gemeinsamer Führung und einer Notwehr aller gegen alle.«

(Der Spiegel vom 23. November 1987)

»Wirtschaftspolitik kann nach meiner Überzeugung heutzutage nur noch gelingen, wenn sie von kritischem Sachverstand getragen ist. Er muß allerdings mit hohem Verantwortungsbewußtsein gepaart sein, denn sonst besteht die Gefahr, daß alles im Geschachere endet – was nicht nur für eine Volkswirtschaft tödlich sein, sondern radikalen politischen Tendenzen Tür und Tor öffnen kann.

Aktionärs-Treff
Blick über die Hauptversammlung von Daimler-Benz
am 2. Juli 1991. (dpa)

Ich plädiere also nicht für einen policy mix ohne inneren Zusammenhang, sondern für jenen Pragmatismus, der sich vorrangig des jeweils am stärksten verletzten Ziels im magischen Viereck *(nach dem Wachstums- und Stabilitätsgesetz von 1967: hohe Beschäftigung, angemessenes Wachstum, Preisniveaustabilität, außenwirtschaftliches Gleichgewicht; Anm. d. Red.)* annimmt. (...) Wirtschaftliche Entwicklung vollzieht sich nämlich immer, wie wir seit Schumpeter wissen, in der Dynamik von Ungleichgewichten. Wenn das aber so ist, können wir in der Wirtschaftspolitik nie mehr als zeitweilige Lösungen zustande bringen. *(Die Zeit vom 27. November 1987)*

... DIE HANDELSBESCHRÄNKUNGEN UND DIE STRUKTURERHALTUNG

»Handelsbeschränkungen können eine kurze Atempause verschaffen, zugleich aber schwächen sie die notwendigen strukturellen Anpassungsprozesse. Der eigentliche Gewinner ist eher nur ausnahmsweise der geschützte Hersteller. Vielmehr muß man in einer vernetzten Weltwirtschaft damit rechnen, daß Dritte oder sogar der Hersteller, vor dem man sich schützen wollte, gestärkt werden. Wer Handelsbarrieren errichtet, erhöht Gewinnspannen und provoziert die Umgehung protektionistischer Maßnahmen durch die Errichtung internationaler Produktionsstätten. (...)

Die Konsumenten zahlen jedenfalls immer die hohen Kosten von Importrestriktionen. Großen gesamtwirtschaftlichen Wohlfahrtsverlusten stehen also nur mäßige und überdies nur kurzfristig wirksame Beschäftigungseffekte gegenüber. (...)

Eine Politik der Handelsbeschränkungen oder – was faktisch das gleiche ist – eine Politik der Strukturerhaltung durch Subventionen führt bereits vom gedanklichen Ansatz her zu Problemen, die letzten Endes nicht mehr bewältigt werden können. Strukturerhaltung ist wie ein Ölfleck, den man aufs Wasser setzt: Er breitet sich immer weiter aus.«

(Handelsblatt vom 23. September 1988)

... DAS ENDE DES KALTEN KRIEGES

»Mit dem Zusammenbruch der kommunistischen Systeme entfallen nun einmal ganz zwangsläufig auch die Grundkonstanten der Nachkriegszeit, an denen sich die Politik so lange ausgerichtet hat und die dem gemeinsamen Handeln Kontinuität und Sinn gaben. Wir alle hatten uns ja doch mit einer Welt in festgefügten Blöcken eingerichtet, alle unsere Pläne und Strategien waren durch sie bestimmt. Wer dachte denn schon ernsthaft über etwas nach, was über die Nachkriegsordnung, über die Ost-West-Konfrontation hinauszielte? Und wer kennt nicht das Gefühl der Leere, wenn ein lange verfolgtes Ziel erreicht, ein lange gehegtes Feindbild zerbrochen ist?«

(Arthur Burns Memorial Lecture vor der »Atlantik-Brücke«, zit. nach Aufbau vom 18. Januar 1991)

... DIE DEUTSCHE UND EUROPÄISCHE GESCHICHTE

»Man leugnet die spezifischen Anteile der Deutschen an den europäischen Katastrophen in keiner Weise, wenn man daran erinnert, daß die europäischen Gesellschaften und Staaten über Jahrhunderte mehr oder minder ausnahmslos friedensunfähig waren. Wir alle waren Täter und Opfer zugleich. Die Geschichte Europas ist eine Geschichte von nationalen Partikularismen und von Hegemonieversuchen, von immer neuen Ansätzen zum Frieden und deren immerwährendem Scheitern.

Es versteht sich von selbst, daß ich damit in keiner Weise die besondere Verantwortung Deutschlands für die Grausamkeiten unseres Jahrhunderts verkleinern will. Aber die spezifische deutsche Problematik muß letzten Endes der kollektiven europäischen Verantwortung gegenübergestellt werden, ob man das gern hört oder nicht.«

(Arthur Burns Memorial Lecture vor der »Atlantik-Brücke«, zit. nach Aufbau vom 18. Januar 1991)

MANAGER UND PHILOSOPH
EDZARD REUTER IM SPIEGEL DER PRESSE

»Der Politikersohn Edzard Reuter, ist von deutscher Vergangenheit befangen und stellt sich ihr redlich. (…) Seine Ironie hat Methode: Sie zerpflückt nicht die Argumente der Gegner, sondern gibt sie lächelnd dem Verriß preis, lenkt zuweilen auch vom Wesentlichen ab. Logik betört, wenn Axiome nicht hinterfragt werden. Wortgewandtheit ist das Vehikel Reuterscher Überzeugungsarbeit, selbst in Nebensätzen wird dabei noch verbale Kunstfertigkeit vorgeführt.«
(Wirtschaftswoche vom 20. Oktober 1989)

»Reuter hat als Konzernschmied Muskeln bewiesen. Gewann viele Sympathien, weil er – im Bild der breiten Öffentlichkeit – das Duell um die Konzernspitze als SPD-Underdog doch noch für sich entschied. Rhetorisch brillant und öffentlichkeitsbewußt, demonstriert er gerne eine messerscharfe Intellektualität. Beweist aber auch menschliche Wärme – wie nach der Ermordung von Alfred Herrhausen, als er seinen Schmerz vor den Kameras zeigte.« *(Management Wissen vom Juli 1990)*

»Reuter, ein schlanker Mann mit mittlerweile ausgedünntem Haar und asketisch wirkendem Gesicht, was allenfalls die Intensität des Denkens, nicht aber die Wirklichkeit widerspiegelt, der zu allem Überfluß auch noch schwarze Zigaretten raucht, gilt als der analytische Denker und Stratege im Hause schlechthin. (…)

Doch mit manchen Äußerungen, oft unterlegt mit bissiger Schärfe, hat Reuter zuweilen Zweifel aufkommen lassen, ob er sich überhaupt vorbehaltlos jener politisch überwiegend konservativ orientierten Schicht zugehörig fühlt, aus der sich hierzulande Führungskräfte weitgehend rekrutieren. (...) Reuter hat zeitweise seine Unabhängigkeit so energisch dokumentiert, zumeist in Form von Vorträgen, daß manche Augenbraue hochgezogen wurde.«

(Frankfurter Allgemeine Zeitung vom 23. Juli 1987)

»Ein Sozialdemokrat an der Spitze von Daimler, wo unter den Aktionären die Deutsche Bank den Ton angibt – schon das allein stempelt Edzard Reuter zur Ausnahme. Er *ist* eine Ausnahme, ist einer von jenen, die Erfolge im Stillen erarbeiten – und genießen. Allerdings geht Reuter, äußerlich eher Typ eines Gelehrten als der eines Managers, keiner Auseinandersetzung aus dem Weg. Er scheut sich nicht, Provozierendes auszusprechen, freilich immer gelassen.«

(Süddeutsche Zeitung vom 19. August 1988)

»Reuter, oft als Intellektueller oder gar als Philosoph bezeichnet, ist als Redner brillant, geachtet, gelegentlich auch gefürchtet. Er scheut sich nicht, Meinungen ganz undiplomatisch zu äußern. (...) Seine Aufgabe betriebswirtschaftlich zu sehen, erscheint ihm zu eng. (...) Die Analyse wie die Attacke paßt zum Bild eines Mannes, der ohne Seilschaften auskommen will, in der Hoffnung, das sich Qualität von selbst durchsetzt. Diese Hoffnung kann allerdings, wie sein eigenes Beispiel zeigt, mitunter erst sehr spät aufgehen.«

(Frankfurter Allgemeine Zeitung vom 15. Februar 1988)

»Dem neuen Spitzenmann wird ein ganz ungewöhnliches Maß an Vertrauen und Sympathie, auch an Bewunderung entgegengebracht. Junge Führungskräfte zeigen sich hingerissen von seiner Souveränität und Entscheidungsfreude, alte Hasen loben seinen unternehmerischen Instinkt. Der Betriebsrat gibt sich konziliant, die Öffentlichkeit begeistert. (...)

Seine strategischen Fähigkeiten sind unumstritten. Seine intellektuelle Brillanz hebt ihn weit über den Durchschnitt der

Am Ziel
Alfred Herrhausen, Aufsichtsratsvorsitzender und Vorstandssprecher der Deutschen Bank (Mitte) mit Edzard Reuter und
Werner Niefer am 22. Juli 1987 auf dem Weg zur Pressekonferenz,
auf der Reuter als neuer Vorstandsvorsitzender der Öffentlichkeit präsentiert wird. (AP)

deutschen Wirtschaftsführer, und nicht nur der Wirtschaftsführer: Wenn Reuter redet, hat er etwas zu sagen. Sein Vermö-
gen, politisch, aber nicht dogmatisch zu denken, ist auch bei
Spitzenmanagern allzu selten zu finden. (...)

Edzard Reuter – ein Mann, der alles richtig macht? Einer, der
die Richtung angibt, kühler Pragmatiker im Tagesgeschäft und
visionärer Vordenker zugleich? Eine Kultfigur des modernen
Kapitalismus gar?« *(Stuttgarter Zeitung vom 15. Februar 1988)*

»Beeindruckend ist Edzard Reuter immer, ein wortgewandter, geschliffen höflicher, ungemein gebildeter Mann. In der Klischeerolle des Big Boss wäre er eine Fehlbesetzung, als Nobelpreisträger, gleich welcher Disziplin, gäbe er die Idealfigur ab. (...)

Wie ein Simultanredner scheint Edzard Reuter, während er sich mit seinem Publikum auseinandersetzt, zugleich in einen intensiven Dialog mit sich selbst verwickelt. Er beginnt Sätze mit hohem philosophischem Schwung und fällt sich dann mit burschikoser Schnoddrigkeit selbst ins Wort. Sein Ton kann bis zur Unseriösität verführerisch und einschmeichelnd werden, wenn er Fakten darbietet, er kann vor Sachlichkeit klirrend auf den Gefrierpunkt sinken, wenn ihm im Zorn das Blut in den Kopf schießt. (...)

Nicht, daß Edzard Reuter wirklich Brüche zuließe, Widersprüche kenntlich machte, gar Zweifel an seiner Position offen ausdrückte. Er hat vielmehr die Kunst hoch entwickelt, durch Sarkasmus, Ironie und öffentliche Selbstreflektion scheinbar klare Positionen zu beziehen, um sie sofort wieder zu verwischen. (...)

Es gibt gewiß Schlechtere auf der öffentlichen Bühne, aber Anstrengendere kaum. Denn immer zieht er die Zuhörer in seinen inneren Privatdiskurs hinein. Am liebsten verlockt er sie dazu, seine eigenen Zweifel zu artikulieren – nichts fordert Reuter so drängend heraus wie Kritik. Aber was immer man dann einwenden mag – erst wird er es überbieten, um es dann als hämisch und opportunistisch, unqualifiziert und illegitim, lächerlich und bösartig, uninformiert oder besserwisserisch zu entlarven. (...)

Aber läßt sich sinnvoll mit jemandem über die Gefahren von ›Führerschaft‹ diskutieren – als Gorbatschow in Stuttgart war, hat Edzard Reuter den jubelnden Deutschen ins Gesicht gesehen und ›geschaudert‹ –, der schon die Führung nimmt, wenn man ihm nur die Hand gibt? Der einen lehrt, das es nicht als Floskel gemeint ist, wenn er ein Gespräch führt?«

(Der Spiegel vom 31. Juli 1989)

»Johann Kaspar Lavaters Physiognomie hätte Edzard Reuters Gesicht wohl als asketisch charakterisiert. Die mittelalterlichen Holzschnitzer wie Tilman Riemenschneider schufen solche Köpfe, wenn sie Apostel und große Prediger darstellen wollten. Ich kann mir Edzard Reuter, hätte er in einer anderen Zeit gelebt, einen anderen Lebensweg gehabt, gut im schwarzen Talar mit weissen Bäffchen unterm Kinn vorstellen, auf der Kanzel einer evangelischen Kirche im Lande der Friesen, ein Pastor von der kämpferischen, nonkonformistischen Art – bibelfest, praxisnah und mit gewaltiger Redelust begabt. Von ihm könnte der alte Ostfriesenspruch stammen: Gott schuf das Meer, der Friese die Deiche.«

(VIF Gourmet-Journal vom November 1988)

»Seit die deutsche Sozialdemokratie besteht, hatte sie zur Wirtschaft ein widersprüchliches Verhältnis, gebrochen wie gleichzeitig produktiv, ein Verhältnis, das Entwicklungen vorantrieb, sie manchmal aber auch nicht übersah und sie selten lenken konnte. (…)

Frühe Zeugen solcher Entwicklungsprozesse waren Ferdinand Lasalle, Franz Mehring, aber auch der Ungar Georg Lukacs, um nur einige zu nennen. Als heutiger Zeuge mag durchaus der Sohn Ernst Reuters gelten. Dabei beinhaltet der Begriff ›heutig‹ gerade bei Edzard Reuter die konsequente Lossagung von veralteten Klischees, die zähe Erarbeitung neuer geistiger Positionen in einer sich rapide verwandelnden Wirklichkeit. Er beharrt nicht auf überkommenen Konfrontationen, sondern besteht auf der Integrationsfähigkeit heutiger Demokraten. (…)

Der klassische Internationalismus, lange Zeit von seiner Partei vertreten, verwandelt sich in seinen Vorstellungen zur Internationalität moderner Wirtschafts- und Arbeitsstrukturen. Kritik an solch weitgehenden Entwürfen begegnet Edzard Reuter immer wieder durch seine Selbstkritik, seine kühle Bedachtsamkeit. Das Wichtigste, das er zur Durchsetzung neuer Denk- und Verhaltensweisen beigetragen hat, ist sein Vorschlag, an die Stelle des Begriffs der ›Macht‹ den der ›Verantwortung‹ zu setzen. (...)

Wagt da nicht einer erneut und gerade an hervorgehobener Stelle die Quadratur des Kreises?«

(Götz Friedrich in: Die Grenzen sprengen –
Edzard Reuter zum Sechzigsten)

»Die Fähigkeit zur analytischen Schärfe, zur glänzenden, bisweilen fast bissigen Rhetorik steht nach herrschender Meinung im Widerspruch zur Konzilianz im Umgang mit anderen. Daß dem nicht so sein muß, zeigt Edzard Reuter, der auch bei entschiedener und distanzierter Rede kaum den Eindruck von Arroganz aufkommen läßt. Da mag ein bißchen seine Herkunft hineinspielen, die Grundtugend der Solidarität, die in der Sozialdemokratie eine so große Rolle spielt. (...)

Reuter, von zierlicher Statur, als Schnelldenker erkennbar und Freund schwarzer Zigaretten, ist ein begehrter Referent, seine Vorträge sind berühmt, freilich nicht immer ohne Überraschungen für die Zuhörer.«

(Frankfurter Allgemeine Zeitung vom 13. März 1987)

»Künder der Aufklärung und des kritischen Rationalismus: Das vor allem ist auch Edzard Reuter selbst. Ob es um Industriepolitik geht oder die Akzeptanz neuer Techniken, die Sicherung eines notwendigen Grundkonsenses in der Gesellschaft oder um die Bestimmung unternehmerischer Verantwortung: Immer verbindet sich in seinen Texten nüchterne Einschätzung der Wirklichkeit und realistische Abschätzung

Bruder Johannes begrüßt Genosse Edzard...
...auf einer SPD-Wahlveranstaltung des SPD-Kanzlerkandidaten
Johannes Rau im Januar 1987 in Stuttgart. (dpa)

des gebotenen mit der Abwehr derer, die in unruhigen Zeiten
Konjunktur haben: Den falschen Propheten von links und
rechts, den Leuten mit den schnellen oder dogmatischen
Antworten, eben: den Patentlösungen. Daß wir ihren jeweili-
gen Verführungen zum Opfer fallen und damit die Fähigkeit
einbüßen könnten, die wirkliche Komplexität unserer Welt zu
beherrschen, das ist seine stets wiederkehrende Sorge. Ihr tritt
er mit einem Appell an die Macht des Geistes entgegen.«

*(Kurt Biedenkopf in einer Rezension von Reuters
Textsammlung »Vom Geist der Wirtschaft«; in: Rheinischer Merkur
vom 14. Juni 1986)*

89

»Kaum ein anderer deutscher Unternehmenschef beeindruckt das Publikum, in der Provinz wie in den Metropolen, gegenwärtig so nachhaltig wie der Mann aus der Untertürkheimer Daimler-Benz-Zentrale. Seine Taten werden aufmerksam registriert. Jedes Wort, das er fallenläßt, wird aufgegriffen und über Presse, Funk und Fernsehen verbreitet – Edzard Reuter Superstar.

Ein Manager, der mit strategischem Weitblick ein riesiges Industrieimperium formt; ein Mann, der Nachdenklichkeit und Machtinstinkt miteinander verbindet; ein Unternehmensführer obendrein, der Beiträge bei der SPD entrichtet – bizarr und zugleich faszinierend ist das öffentliche Bild des Edzard Reuter.

Da ist einer, der im Kreuznacher Kurhaus, scheinbar abgehoben von der profanen Welt des money-making, ein weltwirtschaftliches Schlachtengemälde entwirft, von der Schuldenkrise bis zum amerikanischen Wahlkampf. Und der drei Tage später vorführt, daß er bei seinen Gedankenflügen die Heimarbeit nicht vergißt: den Unternehmensriesen Daimler-Benz in die Zukunft zu führen. (...)

Autoritätsprobleme wie seinen Vorgänger Breitschwerdt belasten Edzard Reuter in seinem Vorstand nicht. Die Kollegen haben gelernt, daß der erste Mann, wenn nötig, schnell entscheidet; und daß er, wenn es sein muß, seine Position mit Härte durchsetzt. Er benutzt dann nicht die schönen Worte aus seinen Vorträgen, sondern spricht direkt und offen, wenn ihm manches, so sein Lieblingswort, ›hirnverbrannt‹ vorkommt.«

(Der Spiegel vom 18. April 1988)

»Mega-Manager Reuter will jetzt beweisen, daß er seinen Gemischtwarenladen, der vom Eierkocher über den Tornado bis zum Nierenstein-Zertrümmerer eine bunte Palette produ-

ziert, zu einem integrierten Technologiekonzern zusammen-
schweißen kann. Der Daimler-Chef hat konzernweit einen
beispiellosen Arbeitsprozeß in Gang gesetzt – Synergiepro-
jekte, strategische Planung, geschäftsführende Holding und
Personaltransfer heißen die Schlagworte. Doch die Umsetzung
der strittigen Strategie klappt nicht richtig. (...)

Egal, ob Reuter weiter auf der Kommandobrücke bleibt oder
nicht: Die Zeit der Visionen ist vorbei. Der Daimler-Benz-
Chef hat bewiesen, daß er ein industriepolitischer Kopf ist, der
AEG rettet, der Bonn die Strukturprobleme in der Luft- und
Raumfahrt abgenommen hat. Daß er auch ein erfolgreicher
Konzernstratege und -manager ist, diesen Beweis muß er noch
antreten.«

(manager magazin vom Mai 1990)

Photogen
Versiert im Umgang mit den Medien – Edzard Reuter. (AP)

DIE REUTER-BIOGRAPHIE

KINDHEIT UND EMIGRATION

Winter 1928: Die Weimarer Republik steckt tief in der Krise. Nach einem kurzen Aufschwung kündigt sich die ›Große Depression‹ mit rasant steigenden Arbeitslosenzahlen an; seit drei Jahren läßt Reichspräsident Hindenburg den Staat von einer Regierungskoalition in die nächste taumeln; der ›Ruhrkampf‹, der passive Widerstand gegen die seit fünf Jahren andauernde französische Besetzung des Ruhrgebiets eskaliert zum offenen Aufruhr; die Braunhemden der SA liefern sich mit dem Frontkämpferbund der KPD immer exzessivere Straßenschlachten – die von Anfang an labile Weimarer Demokratie geht vor dem k.o. in die letzte Runde.

Am 16. Februar wird in Berlin, dem Brennpunkt des Geschehens, Edzard Reuter geboren. Sein Vater Ernst war während der Russischen Revolution Weggefährte Lenins, in den zwanziger Jahren war er KPD-Mitglied, kurzzeitig sogar Generalsekretär, wurde bald aber als zu liberal kurzerhand ausgeschlossen. Seine Ehefrau Hanna, Edzards Mutter, lernt Ernst Reuter in der Redaktion des SPD-Organs *Vorwärts* kennen. 1928 sitzt er als Verkehrsstadtrat für die SPD im Berliner Rathaus, drei Jahre später wird Ernst Reuter Oberbürgermeister von Magdeburg. Nach der Machtübernahme von den Nazis aus dem Amt gejagt, wird der Vater von der Gestapo zweimal ins KZ gesteckt. Für den damals fünfjährigen Edzard ein fast traumatisches Erlebnis: »Mir steht bis heute das Bild vor Augen, wie ihn die Männer in den Ledermänteln abgeholt haben.«

1935 entschließt sich die Familie zur Emigration. Für Edzard ist diese Entscheidung angesichts der selbst erfahrenen Bedrohung nur natürlich. Die Ausreise in die Türkei, mit Sack und Pack im Orientexpress, ist für den Jungen mehr ein

Abenteuer denn eine Flucht. Der Vater dient dem charismatischen Staatsreformer Kemal Atatürk in Ankara als verkehrspolitischer Berater. Später lehrt er als Professor an der dortigen Universität. Man wohnt samt Dienstmädchen in einem kleinen Einfamilienhaus in einer Emigrantenkolonie.

Die deutsche Botschaftsschule wird verständlicherweise nicht in die engere Wahl gezogen, als es um die schulische Ausbildung des siebenjährigen Edzard geht. Eine ehemalige Studiendirektorin, eine »ungewöhnliche Frau«, wie Reuter sich erinnert, unterrichtet ihn im kleinen Kreis bis zum Abitur: »Ein Glück, das mein ganzes Leben geprägt hat.« Lernen ist für Edzard Reuter ein »richtiger intellektueller Spaß«. Seine humanistische »Allroundausbildung« kommt ihm zugute, als ihn der Vater immer öfter in Gesprächskreise mit Freunden aufnimmt. Da werden lateinische und griechische Philosophen im Original gelesen, die Zukunft Deutschlands wird diskutiert. Edzard tippt Briefe an Thomas Mann und an andere vor den Nazis geflohene Intellektuelle; manche davon hat er noch heute im Gedächtnis.

Für die politisch interessierten und aktiven Eltern bleibt das Exil »immer eine schreckliche, das Innerste ihres Lebens berührende Phase«, weiß Edzard Reuter heute. »Sie sind nie das Gefühl losgeworden, herausgerissen worden zu sein aus einem politischen Engagement, daß sie beide erfüllte. Jegliches Geschehen in Deutschland, jede neue Nachricht, die von dort kam, wurde begierig aufgegriffen und war ständiger Gesprächsstoff. Alles konzentrierte sich auf die Frage: Wann geht das endlich zu Ende?«

DIE STUDENTENZEIT UND DER SCHOCK DER RÜCKKEHR

1946 kehren die Reuters aus der »pädagogischen Provinz« in das zerstörte Berlin zurück. Edzard hat Kindheit und Jugend in zwei Kulturen erlebt, er spricht Türkisch ebenso gut wie

Deutsch, er ist offen und selbstbewußt. Umso mehr trifft den Achtzehnjährigen der Wechsel aus der Idylle in die Realität des Nachkriegs-Deutschland: »Ich wurde sehr stark ins kalte Wasser geworfen. Ich hatte einfach nicht das richtige Gespür für das individuelle Leid«, so Reuter im Rückblick. Sein Notabitur baut er an der Paulsen-Schule in Steglitz »im Durchmarsch«, 1947 beginnt er das Studium der Mathematik und Physik mit dem erklärten Ziel, Nobelpreisträger zu werden. »Du bist so gut«, dachte er damals.

1948 wechselt der ehrgeizige Student an die Uni Göttingen. Dort bemerkt er bald, daß manche Kommilitonen besser sind: »Du bist eben doch kein Genie«, ist die bittere Erkenntnis. Er bricht sein Studium ab und »lernt verlieren«. Über diese damals für ihn völlig neue Erfahrung sagt Edzard Reuter heute: »Das Entscheidende war: hinzunehmen, daß jeder Mensch relativ war, und zu ertragen, daß es für jeden, wenn er Glück hat, eine Chance gibt. Wenn er sie nicht bekommt, muß er das auch mit Fassung tragen.« 1949 wechselt er auf Anregung seines Zimmergenossen Horst Ehmke zum Studium der Jurisprudenz. Reuter beginnt sich für Politik zu interessieren, geht mit Ehmke zu Diskussionen. Dessen »große Klappe« stört ihn, aber auch die Abhängigkeit vieler Politiker von ihren Parteien. Zu viele Funktionäre hat er noch aus seinem Elternhaus in Erinnerung, die aus mangelnden beruflichen Alternativen bedingungslos das Lied ihrer Brötchengeber singen mußten.

VON DER WIRTSCHAFT ZUR POLITIK

1953 stirbt unerwartet der Vater, über den er heute sagt: »Ich habe ihm nie nachgeeifert, wollte ihn nie übertreffen. Aber er war mein Vorbild.« Edzard Reuters Entscheidung, in die Politik zu gehen, steht fest. Oft genug hat ihn der Vater vor der »unpolitischen Loslösung vom wirklichen Leben« gewarnt, vor der »Hinwendung zum reinen Geldverdienen«. Als ihn der Nachfolger seines Vaters, Willy Brandt, in die Politik holen

Junges Glück
Der frisch vermählte Edzard Reuter mit seiner ersten Ehefrau
Christel und seinen Eltern Hanna und Ernst Reuter (links außen)
1952 vor dem Standesamt. (Ullstein)

will, entgegnet Reuter, er habe »diese hirnrissige Meinung,
dahin gehst du erst, wenn du unabhängig bist«. Also will er
vorher in die Industrie. Zunächst aber muß er 1955 das Große
Staatsexamen ablegen, bis 1956 ist er noch Assistent an der
Juristischen Fakultät der Freien Universität Berlin, die von
seinem Vater mitbegründet wurde.

»Im feindlichen Leben habe ich mich schwergetan«, erzählt
Reuter heute: »Ich konnte nicht aggressiv werden, mich nicht
durchsetzen.« Zu seiner Umgebung findet er schwer Zugang,

jeder Mensch ist für ihn »immer ein anderer und deswegen ein Fremder«. Die Ursache dieser Schwierigkeiten sieht Reuter in dem distanzierten, intellektuellen Verhältnis zu seinen Eltern. Persönliche, private Gespräche waren schon in der Kindheit selten; auch später hat er kaum einmal einen Rat bekommen, obwohl er es oft »lieber gehabt hätte, daß mir jemand gesagt hätte: Du, überleg dir das«. Er habe nie »gelernt«, sich durchzusetzten, glaubt Edzard Reuter: »Das ist im Laufe der Jahre gekommen.«

DIE ERSTEN SCHRITTE IM BERUF

Der Einstieg ins Berufsleben fällt daher nicht leicht: Erste Bewerbungen bei Daimler-Benz und Telefunken bleiben erfolglos. 1957 beginnt er als Justitiar bei der Universum Film AG (Ufa) in Berlin, wird »richtiger Produktionschef – auch für den künstlerischen Bereich«, wie Reuter heute gern unterstreicht. Beim Verkauf der Firma 1962 hat er es bereits bis zum Prokuristen gebracht. Danach versucht er sich mit dem Bertelsmann-Boß Reinhard Mohn als Fernsehproduzent in München, ein Projekt, das »voll in die Badehose geht«. 1964 schließlich ist es soweit: Hanns Martin Schleyer, der 1977 ermordete Arbeitgeberpräsident, damals im Daimler-Benz-Vorstand zuständig für »Personal und Sozialwesen«, stellt Edzard Reuter ein. Bereits während des Studiums wollte er zu Mercedes: »Wenn schon Unternehmer, dann da, wo man gestalten kann.«

DER EINSTIEG BEI DAIMLER-BENZ

Der nur zeitweise aufhaltbare Aufstieg des Edzard Reuter in den 13. Stock, die Chefetage der Daimler-Benz-Hauptverwaltung in Untertürkheim, kann beginnen. Schleyer steigt in den Vorstand auf, Reuter übernimmt dessen Ressort Planung und Organisation. Bald wird er Leiter des Hauptsekretariats, bereits 1971 arbeitet er auf Direktionsebene in der Unternehmensplanung. 1973 wird er stellvertretendes Vorstandsmitglied, im April 1976 ordentlicher Vorstand.

Ende 1978 beginnt die Diskussion um die Nachfolge des Vorstandsvorsitzenden Professor Joachim Zahn, dessen Amtszeit ein Jahr später zu Ende geht. Als Anwärter auf den Chefposten gelten Gerhard Prinz, für Einkauf und Materialwirtschaft zuständiges Vorstandsmitglied, der im Vorstand für die Produktion verantwortliche Werner Niefer sowie Reuter. Wilfried Guth, einer der beiden Vorstandssprecher der Deutsche Bank und Aufsichtsratsvorsitzender bei Daimler-Benz, hat bei dieser Entscheidung ein gewichtiges Wort mitzureden. Der Einfluß der Bank ist praktisch unbeschränkt, seit sie 1975 die Übernahme der Aktienmehrheit durch den Schah von Persien und Kuwait verhinderte und damit als einziger Großaktionär mit einem Anteil von 28,5 Prozent und der Mehrheit der Depotstimmrechte übrigblieb. Guth favorisiert den eher konventionellen, parteilosen Prinz, der besser in den konservativen Konzern zu passen scheint, obwohl Prinz erst 1974 vom VW-Konzern in Wolfsburg nach Stuttgart gekommen war.

KARRIEREHINDERNIS
SPD-MITGLIEDSCHAFT

Zum ersten Mal wird Reuter seine SPD-Mitgliedschaft zum Karrierehindernis, auch wenn dieser Grund öffentlich nie angesprochen wird. Heute gibt Reuter durchaus zu, »daß mir manchmal, nach meinem subjektiven Eindruck, meine Parteizugehörigkeit geschadet hat«. Beispiele will er jedoch »lieber nicht« nennen. Die Berufung Reuters könnte als Zugeständnis an die sozial-liberale Koalition unter Helmut Schmidt gedeutet werden, heißt es in Bankierskreisen. Die leitenden Angestellten bei Daimler sprechen sich ebenfalls gegen Reuter aus. Die Arbeitnehmervertreter im Aufsichtsrat schließen sich dem Votum der Kapitaleigner an, Prinz wird einstimmig gewählt. Guth kommt jedoch um ein Zugeständnis an Reuter nicht herum, nachdem er ihn, ebenso wie Niefer, als für den Vorstandsvorsitz gleichermaßen qualifiziert gelobt hat. Reuter wird Finanzchef und erhält damit ein Schlüsselressort des Konzerns.

Auf dem zehnten Internationalen Management Symposium an der Hochschule St. Gallen am 13. Mai 1980 schlägt Reuter zurück. In einem Vortrag unter dem harmlos klingenden Titel »Die Grenzen des Marktes – Unternehmensführung zwischen Wirtschaft und Politik« sagt er die Sätze, die seinen Ruf als »Linker« zu bestätigen scheinen und die bis heute, so *Die Zeit,* »weder vergessen noch vergeben sind«. Er wirft seinen Kollegen »wirtschafts- und sozialpolitische Heuchelei« vor, wenn sie ihre Verantwortung gegenüber dem Arbeitnehmer öffentlich immer wieder betonen, insgeheim jedoch glauben, daß »Wohlstand nur dann zu sichern sei, wenn man sich aus den Fesseln abwegiger Interessen von Belegschafts- und Gewerkschaftsvertretern und den unqualifizierten Auflagen politischer Gesetzgeber befreien könnte«. Moderne Unternehmensführung ist daher für ihn »nur denkbar, wenn wir uns gleichrangig gegenüber den Kapitalgebern, gegenüber der Belegschaft und gegenüber der Umwelt verantwortlich fühlen und danach handeln«.

Weiter wirft Reuter seinen konservativen Kollegen einen Mangel an »Mut zur zukunftsgerichteten Analyse und rationalen Vorausbestimmung« vor und schließt seinen »Befreiungsschlag« mit zwei Sätzen ab, die durch die gesamte Presse gehen: »In den einschlägigen Kreisen der Bundesrepublik Deutschland würde es nach wie vor ungewöhnlichen Mannesmutes bedürfen, Spitzenpositionen der Unternehmensführung jemandem anzuvertrauen, der nicht die richtige Couleur trägt. Dennoch: Man kann ein Unternehmen nicht christlich oder sozialdemokratisch, sondern nur gut oder schlecht führen.« Das ist eindeutig, der Adressat unschwer zu erraten. Nach dieser Rede halten viele Reuter für endgültig erledigt, obwohl selbst das *Handelsblatt* nach eingehendem Textstudium zu dem Ergebnis kommt, Reuter sei »kein ›Systemveränderer«». Doch auch der vollständige Abdruck der Rede hilft nichts – Reuter ist einmal mehr in der Rolle des Außenseiters, auch wenn er beteuert, er sei doch nur ein »konservativer Sozialdemokrat, etwa auf der Linie von Helmut Schmidt«.

SICHERHEITSRISIKO REUTER

Dabei hat Reuter in St. Gallen auch etliches gesagt, was seinen Kritikern in den Ohren klingen müßte: »Unsere Unternehmen müssen lebensfähig bleiben. Ohne angemessene Verzinsung des eingesetzten Kapitals ist kein Wirtschaften in einer freien Gesellschaft möglich.« Diese Maxime verfolgt er als Leiter des Finanzressort äußerst erfolgreich. Mit seiner Geldpolitik, zwei Drittel der Jahresüberschüsse zu den Rücklagen zu geben, füllt er die Kriegskasse bei Daimler bis zum Rand. Die offizielle Begründung lautet »Risikovorsorge« – der eigentliche Grund indes ist die langfristig geplante Diversifikation des Konzerns.

Im Oktober 1983 erliegt Gerhard Prinz auf dem Heimtrainer im Keller seines Hauses einem Herzanfall. Die Diskussion um die Nachfolge im Vorstandsvorsitz beginnt erneut: Reuter schlägt Niefer vor, Niefer schlägt Reuter vor. Doch wieder funkt die Deutsche Bank, in persona Wilfried Guth, dazwischen. Prinz habe ihm »für den Fall, daß ihm ein Ziegelstein auf den Kopf falle«, den Entwicklungschef Breitschwerdt als Nachfolger empfohlen. Außerdem habe Niefer nur einen Volksschulabschluß, heißt es hinter den Kulissen, und über Reuter fällt die böse Unterstellung, er sei ein »Sicherheitsrisiko«.

Die Sticheleien von St. Gallen scheinen tatsächlich noch nicht vergeben; selbst das Votum der leitenden Angestellten, unter ihnen etliche CDU-Mitglieder, gegen Breitschwerdt und für Reuter, hilft nichts. Gegen die Stimmen der Arbeitnehmervertreter im Aufsichtsrat, bisher einmalig in der Konzerngeschichte, wird Breitschwerdt zum neuen Vorstandsvorsitzenden gewählt. Den Kapitaleignern gelingt es in letzter Minute, die Vertreterin der Leitenden Angestellten, Marie-Christine Fürstin von Urach, auf ihre Seite zu ziehen und so einen peinlichen zweiten Wahlgang zu vermeiden. Der Spiegel: »Eher wird der Grüne Joschka Fischer Kanzler der Bundesrepublik Deutschland, als daß der herrschende Industrieklüngel einen Sozi auf den vielleicht vornehmsten Stuhl der Wirtschaft läßt.«

Der Weg zum Vorstandssessel

Doch Reuter läßt sich nicht entmutigen. Nach außen loyal gegenüber seinem Chef Breitschwerdt, macht er sich zusammen mit Niefer umgehend daran, allen zu zeigen, wo die eigentlichen Macher sitzen. Die Diskussion um die Zukunft des Unternehmens hat gerade erst begonnen, da legt Finanzvorstand Reuter 1984 sein Positionspapier ›Zur Verbreiterung der Unternehmensbasis‹ vor. Reuter sieht das »Jahrhundert des Automobils als Motor des Fortschritts« zu Ende gehen, eine Umstrukturierung des Konzerns auf zukunftsträchtige High-Tech-Geschäftsfelder sei daher notwendig. Dazu schlägt er den Ankauf von Firmen vor, die ein entsprechendes High-Tech-Potential besitzen und einen Nutzeffekt zur Fahrzeugproduktion beitragen könnten. Sie dürften jedoch nicht zu groß sein und müßten zur schwäbischen Unternehmenskultur passen.

Der Vorstand ist beeindruckt: Nach nur zwei weiteren Strategiesitzungen wird im Herbst 1984 einstimmig grünes Licht für die Einkaufstour gegeben. Reuter und Niefer fackeln nicht lange und kaufen von der Gute-Hoffnungs-Hütte (GHH) statt des angebotenen Lastwagenherstellers MAN lieber für 680 Millionen Mark die restlichen fünfzig Prozent Anteile an der Motoren- und Turbinen-Union (MTU); das Unternehmen ist damit vollständig in Händen der Daimler-Benz AG. Kurz darauf bietet sich das Luft- und Raumfahrtunternehmen Dornier an, dessen Familienclan über der Erbschaft heillos zerstritten ist. Mit Unterstützung von Ministerpräsident Lothar Späth kann sich Daimler für 440 Millionen Mark mit 65,5 Prozent die Anteilsmehrheit sichern. Reuter muß den Dornier-Erben jedoch eine Sperrminorität zugestehen, zudem garantiert er ihnen eine Mindestdividende von zehn Prozent. Das Ganze läuft mehr oder weniger ohne Beteiligung Breitschwerdts ab, er taucht jeweils nur zur Vertragsunterzeichnung auf. *Die Zeit* bemerkt: »Der äußere Eindruck war völlig zutreffend: Reuter und Niefer agierten – Breitschwerdt akzeptierte.«

Im Juli 1985 wendet sich bei der Deutschen Bank das Blatt zugunsten von Reuter: Wilfried Guth, der Mann, der Edzard Reuter zweimal abblitzen ließ, tritt ab. An seine Stille tritt Alfred Herrhausen – als Vorstandssprecher der Bank und Aufsichtsratsvorsitzender bei Daimler-Benz. Er versteht sich auf Anhieb mit Reuter, beide haben ähnliche Ideen und Ansichten. Herrhausen fördert aktiv den größten Coup von Niefer und Reuter: die Mehrheitsbeteiligung am Frankfurter Elektrokonzern AEG. Niefers Duzfreund Heinz Dürr, dort selbst Vorstandsvorsitzender, hat das Unternehmen gerade vor dem Konkurs gerettet und sucht einen starken Partner. Das Kartellamt genehmigt die avisierte Fusion mit einer Begründung, die Reuter hätte zu denken geben müssen: Die AEG sei auf keinem Geschäftsfeld marktbeherrschend, selbst nach einem Zusammenschluß sei die Gefahr gering. So landet die Mehrheit der AEG im Oktober für 1,6 Milliarden Mark in den Armen von Daimler-Benz, ein Jahr früher als geplant. Gerüchte hatten den Kurs der AEG-Aktie in die Höhe schnellen lassen, Reuter und Niefer mußten den größten Einkauf der deutschen Wirtschaftsgeschichte schnell über die Bühne bringen. Breitschwerdt darf auf der Pressekonferenz verkünden: »Wir haben zugegriffen, als die Chancen da waren.«

Innerhalb von nur neun Monaten haben Reuter und Niefer aus dem Fahrzeughersteller Daimler-Benz einen High Tech-Konzern gezimmert. Reuter muß jedoch, auf die vielzitierten Synergieeffekte angesprochen, zugeben: »Wir überschauen noch gar nicht, was möglich ist, wir stehen erst am Anfang.«

Herrhausen fordert eine den neuen Aufgaben angepaßte Führungsstruktur, damit der Konzern nicht zu einem »Elefanten mit Plattfüßen« wird, wie die *Financial Times* befürchtet. Der Techniker Breitschwerdt ist abermals überfordert: Er will die neuen Töchter auf herkömmliche Weise durch Sitz und Stimme im Aufsichtsrat kontrollieren. Zudem glaubt er, die neuen Firmen hätten genügend eigene Managementkapazität. Das inzwischen perfekt eingespielte Duo Reuter/Niefer schlägt eine neue Konzernstruktur vor. Sie wollen das bisher nach Funktionen (Einkauf, Produktion, Vertrieb etc.) gegliederte Unternehmen in eigenständige Divisionen aufteilen, die je einen Produktionsbereich umfassen: PKW, LKW, Haushaltsgeräte, Raumfahrt etc.

Damit tritt der seit langem schwelende Konflikt (Reuter: »heilsame Unruhe«) im Vorstand offen zutage: Breitschwerdt will weitermachen wie bisher, Reuter und Niefer bestehen auf ihrer Neuorganisation. Herrhausen fordert eine definitive Entscheidung bis zur nächsten Hauptversammlung im Juli 1986. Dort verkündet Breitschwerdt dann doch eine neue Führungsstruktur, die erst auf den zweiten Blick als »eine Art Bypass-Management« um den Vorstandsvorsitzenden herum«, so *Die Zeit*, zu erkennen ist. Herrhausen hat kurzerhand beide Modelle verbunden und so nach außen Breitschwerdts Führungsposition gewahrt. Das eigentliche Machtzentrum wird jedoch der neue »Struktur- und Synergieausschuß« unter Vorsitz von Reuter. Breitschwerdt ist dort gar nicht erst vertreten. Über die Arbeit dieses ›Thinktanks‹ läßt sich Herrhausen unter Umgehung des Vorstandsvorsitzenden direkt berichten.

Die schleichende Demontage des Werner Breitschwerdt geht weiter: Im März 1987 ernennt Herrhausen Reuter gegen den erklärten Willen Breitschwerdts zum stellvertretenden Vorstandsvorsitzenden, ein bei Daimler-Benz bis dahin unbekannter Posten. Herrhausen betont, es handle sich »keineswegs um eine schrittweise Entmachtung«, gleichzeitig stellt er jedoch fest, daß ein »Unternehmen, das sich entwickelt, alle fünfzehn bis zwanzig Jahre so etwas wie eine Kulturrevolution« brauche. Der Königsmacher der Deutschen Bank plant bereits die Ablösung des unglücklich und ungeschickt agierenden Daimler-Konzernchefs. Er gibt Breitschwerdt im Juli zu verstehen, daß er mit einer Verlängerung seines Vertrags nicht rechnen könne. Erst kurz zuvor hatte der Noch-Vorstandsvorsitzende in einen Interview mit der *Frankfurter Allgemeinen Zeitung* erklärt, er beabsichtige seine Arbeit für das Unternehmen auch über 1989 hinaus fortzusetzen. Wenige Tage später, am 22. Juli, bittet Breitschwerdt den Aufsichtsrat in einer außerordentlichen Sitzung um seine Demission zum 1. September – »aus gesundheitlichen Gründen«.

DER KOPF VON DAIMLER-BENZ

Damit ist der Weg für Reuter frei. Im dritten Anlauf, mit 59 Jahren fast schon am Ende seines Berufslebens, schafft er den Sprung auf den Sessel des Vorstandsvorsitzenden. Franz Steinkühler fragt sich heute, »ob der Edzard das damals wirklich noch gewollt hat«. Aber auch der Gewerkschaftsboß weiß, »es ging an ihm kein Weg mehr vorbei. Alles andere wäre erkennbar die zweitbeste Lösung gewesen«. Der zwanzigköpfige Aufsichtsrat wählt Reuter einstimmig zum neuen Vorsitzenden des Vorstands. Auf der anschließenden »ungewöhnlichen Pressekonferenz« (Herrhausen) ist Breitschwerdt schon nicht mehr dabei; der Königsmörder und -macher Herrhausen räumt ein: »Wir haben uns das ganz anders vorgestellt. Wir haben uns gewünscht, die Angelegenheit geräuscharmer und vielleicht etwas stilvoller zu erledigen.« Reuter, obwohl endlich am Ziel, ist die ganze Geschichte sichtbar peinlich. Mit versteinerter Miene verkündet er, er habe nicht die Absicht, »eine irgendwie geartete Regierungserklärung abzugeben. Wir werden an die Arbeit gehen. Und das ist es auch für heute Abend«.

Im Dezember wird Reuter von einer Jury aus zwanzig Wirtschaftsjournalisten zum »Manager des Jahres« gewählt, weil »sich der durchsetzungsfreudige Langfriststratege Edzard Reuter nicht nur mit dem Ausbau des Stuttgarter Automobilherstellers zum Technologiekonzern profiliert hat, sondern weil der Mercedes-Chef wie kaum ein anderer Manager auch die politische Dimension unternehmerischen Handelns einkalkuliert«.

Doch seit Reuter auch offiziell Konzernchef ist, bläst ihm zunehmend ein unangenehmer Wind ins Gesicht. Der bislang gern ignorierte Konkurrent BMW rückt bei den Verkaufszahlen immer näher, in der Fahrzeugproduktion verpassen Qualitätsmängel dem Image etliche Schrammen. Obwohl Reuter immer wieder betont, daß »das Automobil auch nach der Konzernerweiterung das Herzstück des integrierten Technologiekonzerns Daimler-Benz« sei, bleibt der Eindruck, die Pkw-Sparte sei vor allem deswegen ins Schleudern gekommen, weil der Konzern zu sehr mit Wachstum und Neuorganisation beschäftigt war. Seit Reuter begann, seine Vision der Abkehr von der Auto-Monokultur zu verwirklichen, macht Daimler nahezu permanent Schlagzeilen – meist keine positiven.

Vor allem der geplante Einstieg bei MBB wird fast zwei Jahre lang zum publizistischen Dauerbrenner. Zwar wird der »Fähnleinführer« (Reuter über Reuter) nicht müde zu behaupten, er renne »dieser MBB-Geschichte nicht hinterher«, oder gar, »wir können auch ohne MBB«. Hinter den Kulissen jedoch verhandelt Reuter bereits knallhart mit der Bundesregierung über die Absicherung des Airbus-Geschäfts. Dabei läßt er sich, so die *Süddeutsche Zeitung*, »nicht eine nennenswerte Konzession entlocken. Er hat die Bonner glatt über den Tisch gezogen«: Der Staat übernimmt Garantien von fast zehn Milliarden Mark, MBB muß lediglich einen Teil der nach den bisherigen Bilanzen kaum zu erwartenden Gewinne mit den Subventionen verrechnen.

Im Dezember 1988 hat das Kartellamt bereits eine Beteiligung von dreißig Prozent abgelehnt. Die Genehmigung hängt nun an der Erlaubnis des neuen Wirtschaftsministers Haussmann, der für seine Entscheidung vier Monate Zeit hat. Als Graf Lambsdorff in letzter Minute einen Kabinettsbeschluß durchficht, der eine eigene Airbus-Firma mit Beteiligung des

Bundes vorschlägt, platzt Reuter der Kragen: »Wir sind doch keine Naivlinge«, poltert er und fordert endgültig Klarheit, denn er sieht »keine Alternative«. Schließlich will Reuter mit der Deutschen Aerospace »in der obersten Liga der internationalen Luft- und Raumfahrtindustrie mitspielen«, und dazu braucht er MBB, um nicht mehr nur »die Krumen vom Tisch der großen, leistungsfähigen Konzerne fressen zu müssen«.

Nach der Sondererlaubnis von Haussmann im September 1989 ist Reuters Vision Realität geworden: Der größte Industriekonzern Europas ist komplett. Doch damit fangen die Probleme erst an. Die Unsicherheit bei Belegschaft, Management und Aktionären wächst: Ist der Kurs noch richtig oder hat sich der neue Technologiekonzern schon verfahren? Auch wenn Reuter vor »Kleinmut und Verzagtheit« warnt, sein Kalkül für den integrierten High-Tech-Konzern Daimler-Benz hat viele Unbekannte. Die vielzitierten Synergieeffekte beschränken sich noch auf Innovationen wie Hinterachslenkung und Reifendruckkontrolle. Reuter bleibt gelassen: Obwohl er immerhin für fünf Milliarden Mark einen Umsatz von zwanzig Milliarden erworben habe, sei es bei den Zukäufen nicht darum gegangen, ein »bestimmtes Geschäftsvolumen einzukaufen, um es dann unter Ertragsgesichtspunkten optimal auszubeuten«. Viel wichtiger seien die langfristigen Perspektiven, das Unternehmen sei nicht auf kurzfristige Gewinnmaximierung nach US-Art programmiert.   *(wp)*

Vom Patent-Motorwagen zum Raumgleiter Sänger

Die Daimler-Benz-Chronik

1886 Die Welt wird auto-mobil. Im Januar erhält Karl Benz ein Patent auf seinen Motorwagen, im September präsentiert der Büchsenmacher Gottlieb Daimler seine motorisierte Kutsche.

1888 In New York gründet Daimler mit dem Klavierproduzenten William Steinway die Daimler Motor Company. Karl Benz hat Schwierigkeiten mit der Vermarktung seines Patent-Motorwagens, seit ihm die Polizei größere Ausfahrten untersagt hat. Erst als seine resolute Frau Berta mit den Söhnen verbotenerweise eine PR-Tour nach Pforzheim unternimmt, kann Benz seinen ersten Wagen verkaufen.

1893 Das Benz-Velo ist mit 1200 Exemplaren das erste in Serie hergestellte Automobil der Welt.

1894 Benz baut den ersten Omnibus der Welt, verkauft ihn an die British Motor Syndicate Ltd.; Daimler kontert mit dem ersten Lastwagen weltweit.

1899 In England wird der öffentliche Personennahverkehr eingeführt: mit Daimler-Omnibussen.

1900 Am 6. März stirbt Gottlieb Daimler. Benz ist mit über 600 Fahrzeugen größter Automobilproduzent der Welt. Emil Jellinek, österreichischer Generalkonsul in Nizza, kauft als Daimler-Generalimporteur 36 Wagen auf einmal und nimmt sich damit das Recht heraus, sie in Frankreich unter dem Namen seiner Tochter zu verkaufen.

1902 Der Name Mercedes wird gesetzlich geschützt und tritt an Stelle des bisherigen Markennamens. Die schnellen Mercedes laufen Benz & Cie. den Rang ab, da Karl Benz die »Raserei« nach wie vor ablehnt.

1903 Daimler produziert erstmals mehr Fahrzeuge als Benz. Ein heftiger Wettstreit zwischen beiden Herstellern entbrennt, ausgetragen vor allem im Motorsport.

1909 Der dreizackige Stern wird erstmals als Symbol für Mercedes verwendet.

1910 Der »Blitzen-Benz« setzt den vorläufigen Schlußpunkt des Duells. Mit 220 PS aus 21,5 Litern Hubraum stellt er in USA mit 228 km/h einen Geschwindigkeits-Weltrekord auf, der erst zehn Jahre später von einem Flugzeug überboten wird.

1914 Der Erste Weltkrieg schafft neue Absatzmärkte. Sowohl Daimler als auch Benz bauen Flugmotoren, Schiffsmotoren, Panzer- und U-Boot-Motoren.

1918 Daimler erzielt im Ersten Weltkrieg einen Reingewinn von 96 Millionen Goldmark, Benz immerhin noch 55 Millionen. Trotzdem macht die Umstellung auf Friedenswirtschaft beiden Firmen Probleme. Modelle und Maschinen sind veraltet, die Konkurrenz ist größer.

1923 Die Fahrzeugherstellung bei Daimler sinkt unter den Stand von 1910, die Kapazitäten sind nur zu einem Viertel ausgelastet. Bei Benz kommt der Inflationsgewinnler Jakob Schapiro nach und nach an fast zwei Drittel der Firmenanteile, indem er mit Wechseln bezahlt, die er solange prolongieren läßt, bis sie nahezu nichts mehr wert sind. Auch bei Daimler kann sich Schapiro so ein Viertel der Anteile unter den Nagel reißen.

1924 Die angeschlagenen Unternehmen schließen sich auf Druck eines bei beiden Konkurrenten tätigen Vorstandsmitglieds der Deutschen Bank, Emil Georg von Stauß, zu einer Interessensgemeinschaft zusammen.

1926 Am 28. Juni erfolgt die Fusion zur Daimler-Benz AG mit dem Markennamen Mercedes-Benz; Stauß übernimmt den Aufsichtsratvorsitz. Daimler hält fast zwei Drittel der Aktien, Stuttgart wird Zentrum der Fahrzeugproduktion. Die Benz-Automobile werden nach und nach aus dem Programm gestrichen.

1927 Die exklusiven Sportwagen der S-Klasse werden vorgestellt. Die Bilanzen sind weiterhin schlecht, immer mehr Beschäftigte werden entlassen.

1932 Der Umsatz ist seit 1929 von 130 Millionen Reichsmark auf 65 Millionen gesunken, Mercedes steht kurz vor dem Bankrott.

1934 Nach der Machtübernahme der Nazis sorgt die Aufrüstung wieder für einen Gewinn von 14,37 Millionen Mark: Flugzeug-,

Schiffs- und Panzermotoren werden produziert. Die »Silberpfeile« beginnen ihren Siegeszug im Grand Prix.

1938 Rudolf Caracciola stellt mit einem Mercedes auf einer Autobahn den seitdem nicht mehr überbotenen Geschwindigkeitsweltrekord für Straßenfahrzeuge auf: 436,9 km/h.

1939 Der Umsatz steigt auf 527,6 Millionen Reichsmark. Die Zahl der Beschäftigten hat sich versechsfacht, die Lohnkosten sind lediglich um das Zweieinhalbfache gestiegen.

1942 Erste Überlegungen über eine Friedensproduktion nach der Nazi-Ära werden angestellt. Der neue Aufsichtsratsvorsitzende Karl Blessing läßt vorsorglich gewaltige Rücklagen bilden.

1944 Der Umsatz liegt bei 953,9 Millionen Mark, der Gewinn bei 175,1 Millionen. Während der NS-Zeit wird ein Gesamtüberschuß von 1,14 Milliarden Reichsmark erzielt. Maschinen werden in Turnhallen versteckt, Rohmaterialien gehortet. Als Antwort auf den amerikanischen Morgenthau-Plan, der Deutschland zum Agrarstaat machen will, entwickelt Mercedes den »Unimog«.

1945 Keine zwei Wochen nach der Kapitulation werden in Untertürkheim bereits Fahrradanhänger hergestellt. Im August beginnt die Serienproduktion von Lastwagen.

1946 Da die Produktion von PKW noch verboten ist, wird der neue Mercedes 170/V zunächst als Pritschenwagen hergestellt.

1950 Im Zweischichtbetrieb werden täglich über 120 Fahrzeuge des Typs 170/V, jetzt als PKW, produziert.

1952 Mercedes steigt wieder in den Motorsport ein, gewinnt auf Anhieb das 24-Stunden-Rennen von Le Mans. Friedrich Flick beginnt systematisch, Daimler-Aktien aufzukaufen. Bis zu seinem Tod 1972 bringt er es auf einen Anteil von fast vierzig Prozent.

1954 Die »Silberpfeile« fahren im Grand Prix allen davon: bei 15 Starts zwölf Siege, davon sieben Doppelsiege.

1955 Nach einer beispiellosen Siegesserie in der Sportwagenklasse beendet Mercedes das kostspielige Rennsport-Engagement: Das Ziel ist erreicht,die Überlegenheit bewiesen. Friedrich Flick hält 25 Prozent der Aktien und reklamiert einen Sitz im Aufsichtsrat.

1957 Die passive Sicherheit der Fahrzeuge wird verbessert; erstmals werden Crash-Tests durchgeführt.

1958   Auf Anregung Flicks kauft Daimler-Benz für 47 Millionen Mark die Ingolstädter Auto Union. Der promovierte Jurist Joachim Zahn wird mit 44 Jahren Mitglied des Vorstands.

1959   Der neue Mercedes 220/b erhält eine stabile Fahrgastzelle mit Knautschzonen und Sicherheitslenksäule, sämtliche Kanten im Innenraum sind abgerundet. Die jährliche PKW-Produktion nähert sich der Hunderttausend-Grenze. Daimler-Benz soll die marode BMW AG sanieren, die BMW-Hauptversammlung stimmt jedoch dagegen.

1964   Die tief in den roten Zahlen steckende Auto Union wird an Volkswagen verkauft.

1965   Die neue S-Klasse wird präsentiert – mit exklusiven Neuheiten wie Luftdruckfederung und Zentralverriegelung.

1971   Joachim Zahn wird Vorstandsvorsitzender.

1973   Mercedes übersteht den Ölschock praktisch unbeschadet, die Lieferfristen durchbrechen die Zwei-Jahres-Schallmauer.

1974   Für über eine Milliarde Mark verkauft der BMW-Hauptaktionär Herbert Quandt dem Emir von Kuwait seinen vierzehnprozentigen Aktienanteil an Daimler-Benz.

1975   Die Familie Flick will ihr 39-Prozent-Daimler-Paket für drei Milliarden Mark an den Schah von Persien verkaufen. Damit wären 53 Prozent der Mercedes-Anteile im Nahen Osten. Mit Unterstützung von Bundeskanzler Helmut Schmidt erreicht die Deutsche Bank, daß Friedrich Karl Flick zehn Prozent seiner Anteile behält. Die restlichen 29 Prozent übernimmt die Bank für zwei Milliarden und streut sie anschließend an der Börse selbstlos unters Publikum. Damit wird die Deutsche Bank zum einzigen Großaktionär.

1977   Unter der Regie des für Nutzfahrzeuge zuständigen Vorstands Gerhard Prinz wird der US-Baumaschinenhersteller Euclid übernommmen.

1979   Joachim Zahn geht in den Ruhestand, Reuter scheitert bei der Nachfolge an Prinz. Kurz zuvor wird auf Betreiben von Entwicklungschef Breitschwerdt der Bau des neuen Kompaktmodells 190 beschlossen. Der Konzernumsatz liegt bei über dreißig Milliarden Mark im Jahr.

1981   Der Mercedes 190 kommt auf den Markt. Nach kurzen Startschwierigkeiten wird er zum Bestseller und erhöht die Fahrzeugproduktion auf nahezu das Doppelte. Daimler-Benz kauft den US-Schwerlasterhersteller Freightliner. Wie mit Euclid werden zunächst jahrelang hohe Verluste eingefahren.

1983 Im Oktober stirbt überraschend Gerhard Prinz, Reuter scheitert erneut und muß Breitschwerdt den Vortritt lassen.

1984 Euclid wird mit mehreren hundert Millionen Mark Verlust verkauft. Im Herbst beschließt der Vorstand auf Vorschlag von Reuter und Niefer die »Verbreiterung der Unternehmensbasis«. MTU und Dornier werden gekauft, Breitschwerdt hat mit seinen Annäherungsversuchen bei SEL keinen Erfolg.

1985 Reuter und Niefer bestimmen die Unternehmenspolitik: Für 1,6 Milliarden Mark wird die AEG-Mehrheit faktisch ohne Beteiligung des Vorstandsvorsitzenden übernommen. Herrhausen wird Aufsichtsratsvorsitzender und verlangt eine neue Führungsstruktur für den rasch gewachsenen High-Tech-Konzern. Reuter und Niefer schlagen eine Aufteilung in Divisionen vor, Breitschwerdt will das alte funktionale System beibehalten.

1986 Reuter wird Vorsitzender des neugeschaffenen ›Synergieausschusses‹, der ohne Breitschwerdt arbeitet. Der Vorstandschef wird mit dem Aufsichtsratsvorsitz bei MTU, Dornier und AEG vertröstet. Vor allem in der Mittelklasse häufen sich Qualitätsmängel, die der neue PKW-Vorstand Niefer dem früheren Entwicklungschef Breitschwerdt in die Schuhe schiebt.

1987 Im März erhält Reuter den neugeschaffenen Posten des stellvertretenden Vorstandsvorsitzenden. Im Mai überholt BMW erstmals Mercedes bei den Verkaufszahlen der Oberklasse. Die fast fertig entwickelte neue S-Klasse wird nach dieser Herausforderung komplett neu konstruiert, mehrere hundert Millionen Mark Entwicklungskosten werden abgeschrieben. Im September tritt Breitschwerdt auf massiven Druck Herrhausens zurück, Reuter wird am selben Tag neuer Vorstandschef. Der Conti-Sanierer Helmut Werner wird Chef des kriselnden Nutzfahrzeugressorts. Erste Spekulationen über eine Übernahme des MBB-Konzerns durch Daimler-Benz werden laut.

1988 Der Vorstand beschließt eine finanzielle Wiedergutmachung für Opfer des NS-Regimes in Höhe von zwanzig Millionen Mark, da Mercedes damals bis zu 30 000 Zwangsarbeiter beschäftigt hat. Der Kapitalanteil an der AEG wird im September auf achtzig Prozent aufgestockt. Im Oktober wird die neue Konzernstruktur mit drei Gesellschaften festgelegt: Die Mercedes-Benz AG konzentriert sich auf den Fahrzeugsektor, die AEG übernimmt die Geschäftsfelder Automatisierung, Mikroelektronik, Elektrotechnik, Elektrogeräte sowie Büro- und Kommunikationstechnik. Die neugegründete Deutsche Aerospace AG (DASA) umfaßt Luft- und Raumfahrt- sowie Wehrtechnik; sie setzt sich zusammen aus Dornier und MTU sowie Teilen der AEG; geschaffen wurde die DASA vor allem im Hinblick auf eine Eingliederung von MBB. Die Daimler-Benz AG wird geschäftsführende Holding, zuständig für Finanzen und Steuerung der einzelnen Konzernglieder.

1989   Nach langen Verhandlungen mit dem Wirtschaftsministerium übernimmt der Staat eine Garantie für das Airbus-Geschäft in Höhe von zehn Milliarden Mark im Fall einer Übernahme von MBB. Trotzdem kann Daimler ab Mitte der neunziger Jahre frei über den Airbus verfügen. Eine Beteiligung von zunächst dreißig Prozent an MBB wird jedoch vom Bundeskartellamt abgelehnt. Trotz vieler in allen Parteien geäußerter Bedenken empfiehlt die von Wirtschaftsminister Haussmann hinzugezogene Monopolkommission eine Fusion, wenn sich Daimler-Benz von »wesentlichen Teilen der Wehrtechnik« trenne. Im September erteilt Haussmann die Sondererlaubnis unter geringen Auflagen. Die AEG macht nach der internen Betriebsergebnisrechnung rund 400 Millionen Mark Verlust, das Betriebsergebnis der Renommiersparte PKW sackt von 1,7 Milliarden Mark 1988 auf 940 Millionen ab, im Nutzfahrzeugbereich wird rund 350 Millionen Mark Verlust geschrieben. Trotzdem kommt der Gesamtkonzern mit 376 800 Beschäftigten auf einen Umsatz von 76,4 Milliarden Mark. Es werden 6,8 Milliarden Mark Gewinn ausgewiesen, die jedoch überwiegend auf die Umstellung der Berechnungsmethode für die Börseneinführung in London und Tokio zurückzuführen sind.

1990   Die Rechenzentrums- und Softwareaktivitäten der Daimler Benz AG werden in der Debis (Daimler-Benz InterServices) GmbH zusammengefaßt. Der Konzernumsatz erhöht sich durch die erstmalige Einbeziehung des MBB-Geschäfts um zwölf Prozent auf 85,5 Milliarden Mark, der Gewinn beträgt nach der bisher üblichen konservativen Berechnung knapp 1,8 Milliarden Mark. Am 14. September ist es dann endlich, nach langem Warten, »Zeit für die neue S-Klasse«; die technologische Spitzenstellung ist wieder in Händen von Mercedes.   *(wp)*